黄兆旦　[以]阿米·德罗尔（Ami Dror）著

# 养育
# 下一代
# 创新者

犹太教育对中国的启示

復旦大學出版社

黄兆旦工作微信号

阿米·德罗尔工作微信号

### 黄兆旦

北京大学学士和硕士,哥伦比亚大学教育学博士。国际教育规划专家。优你教育(UniEd)创始人和CEO,美国独立教育顾问协会(IECA)会员,上海交通大学特聘授课专家。曾任全球青少年领袖峰会教练、美康中文学校校长、美国中文电视新闻主播。

### [以]阿米·德罗尔(Ami Dror)

立乐青少儿编程公司创始人和CEO。同时创立Zaitoun Venture公司,担任BSP生物信号处理公司董事、IceCure医疗公司董事。
曾在以色列政府部门工作。热衷于创新和公益。在香港创立中国以色列创新论坛,推广全球创新。担任亚斯本学院(The Aspen Institute)亨利·克朗(Henry Crown)项目研究员。

# 代序

第一次接触犹太人是生活在纽约的时候。当时纽约因为犹太人众多,还被人戏称为"Jew York"。根据2014年的数据,纽约市人口的13％是犹太人,是除了以色列以外最大的犹太人聚居地。有人说,世界的财富在美国,美国人的财富在犹太人口袋里。此话不假,福布斯富豪榜前50位的亿万富翁中,有20％是犹太人。当代著名的犹太人中成功的企业家有大卫·洛克菲勒(David Rockefeller),谷歌创始人拉里·佩奇(Larry Page),甲骨文软件公司创始人拉里·埃里森(Larry Ellison),媒体大亨默多克(Rupert Murdoch),戴尔电脑创始人迈克尔·戴尔(Michael Dell),脸书(Facebook)创始人马克·扎克伯格

(Mark Zuckerberg)、《向前一步》作者、脸书 CEO 谢丽尔·桑德伯格(Sheryl Sandberg);金融领域有前美联储主席格林斯潘(Alan Greenspan)和伯南克(Ben Bernanke)、罗斯柴尔德家族、股神巴菲特(Warren Buffett)、资本大鳄索罗斯(George Soros)等。

我初来乍到纽约的时候,虽然说着一口流利的英文,但对美国文化的了解尚浅,以为犹太人都是从头到脚黑衣黑裤,戴着贴头发的小帽(kippah),挂着坠在衣服四角的流苏(tzitzit),鬓发垂颊,络腮胡。后来明白美国犹太人指的是有犹太信仰或者犹太血统的美国人,而犹太教中正统犹太人是最大的宗派群体,他们平常的装束才是我刚才描述的那样。我的犹太朋友多数是犹太血统,而非正统犹太人。我所观察到的他们兴趣爱好广泛,有人在投资之余热衷于收藏艺术品,或醉心政治,或热心公益。读博士期间有几次因为种种原因,我想着要放弃。一次聚餐,我无意间说起自己感到博士学位读得百无聊赖。其中一位朋友说,"去做点公益吧,它会让你重新找到力量"。将信将疑,我报名加入了纽约关怀组织(New York Cares)①。我去过靠近哥大的哈莱姆区(Harlem)的公立学校教中文,扫过中央公园的落叶,给遭遇雪灾的难民分发过捐赠物资等。可以说,我的博士论文就是在沮丧到想砸电脑和参加志愿者

---

① 纽约关怀组织成立于 1987 年,是一个非营利性志愿者组织。每年有超过 65000 人参与该组织的活动。主要关注纽约的教育、社会公正、救灾等问题。

活动的平衡中写出来的。我们很多时候做志愿者会觉得是在给别人提供帮助,其实最后帮助的是自己。一位犹太朋友对我说,养育你的朋友,也要善待陌生人,我们都需要帮助,只是不知道在什么时候。

这些朋友中让我印象深刻的是他们都酷爱阅读,包括阅读报纸、杂志等,几乎每天雷打不动,除了了解行业知识,还读各种人物传记和小说。"读而优则写",有几位朋友都开始提笔写小说了。在他们的笔下,我能读到海阔天空的想象力和踌躇满志拯救人类的激情。好朋友们总是鼓励我多看小说,用他们的话说,"小说让我们一辈子活出几辈子的故事"。我收到的圣诞礼物经常是几本从内容到文笔都能称得上精品的小说,并且一定是《纽约时报》书评中的打榜畅销书。阅读的好处很多,不但能让人具备极广的知识面,还能广交朋友。每次到犹太朋友家做客,无论是厅堂上的闲聊、社交场合的高谈阔论还是主题发言,都能看到他们张弛有度、举重若轻地在时事政治、经济商业和艺术八卦上自由切换。至今还能记得夏夜晚饭后,坐在长岛汉普顿的农场上听他们天马行空的高谈阔论,享受着拂面的微风和知识的芳香。

记得有一次参加慈善晚宴,因为没有太多出席正式社交场合的经验,满眼看去除了邀请我的朋友外没有一个人认识,加上晚礼服不是太合身,我有些不知所措,杵在靠近大门的角落,随时打算落跑。当我正在尴尬地不知如何进退的时候,一个声音对我说,"去跟不认识的人打招呼吧,相信我，不会比一个人站着更糟糕的"。我扭头看见了一张明朗的笑脸，充满鼓励的温暖。这个陌生人后来成了我在纽约的"犹太哥们"。我也认识了他们全家六口人，一门六个名校博士。他们一家人中有四个医生，一个教授，一个官员。爷爷辈的很多家人在纳粹集中营遇害。工作之余的闲暇时间，子女中有人成了畅销书作家，有人成了电视红人，有人跑遍了全球的马拉松。七十几岁的妈妈成了交谊舞达人，屡屡参加国标比赛。他们绝对是一个头脑发达、体格强大的模范家庭。当我问到父母如何养育出如此优秀的孩子时，爸爸说，"从小告诉他们健康地活在这个世界上就值得庆祝，不要让每天虚度"。妈妈则说，"让他们感觉自己值得所有的爱和荣誉"。儿子们说，"爸妈活出了我们敬佩的样子。专注、坚持和充满爱心"。子女们从小最经常被调侃的话就是，"孩子们，你们拉的屎都是特别的"。这个犹太家庭绝对是活出了生命的光彩。

纽约上州普莱西德湖村（Lake Placid）有一年一度的铁人三项比赛（triathlon），据说来纽约参加比赛是里程碑式的。有位德国犹太朋友打了"飞的"来纽约比赛。为了尽地主之谊，我陪着她驱车六个小时来到了湖村。7月的湖村，美丽柔和，一群精瘦的运动达人的到来，顿时打破了小村的宁静。比赛当日，她不知为何上吐下泻。不管怎样，在一阵尖叫声和发令枪声中她冲了出去。骑自行车的时候，她因为转弯时车把不稳，加上速度太快，连车带人被甩了出去。起来的时候她脸上、手上都是血迹。跑最后两英里的时候,我看到她已经面如土色。我不知道是该加油还是劝她放弃,似乎都不合适。于是,我就陪跑了一小段,只听她嘴里一直在喃喃自语。当我在终点见到她的时候,她大声地喊出了"绝不是今天"。我问她,"不是今天什么?"她笑着说,"放弃呀!"看着她开心地接过奖牌,披上银色的"斗篷"的时候,我看到了坚持应该有的模样——一个冠军的模样。

在纽约生活的十年间我结识了很多犹太朋友。他们都在各自的行业卓有建树,从金融、学术、政府、媒体、教育、慈善、贸易到艺术等领域。我感恩通过这些精英阶层的朋友看到了一个不一样的美国,也近距离地从他们身上学习到很多优秀的品质。所谓近朱者赤,他们时刻提醒我如何成为一个更正直、坚强、富有爱心的人。内心里我一直很想找机会系统地研究一下为什么犹太人不论在世界哪个角落都能在各个不同的领域取得非凡的成绩。念念不忘,必有回响。于是就有了这本书。

快进几年,我回到了上海,似乎跟纽约的生活相去甚远,跟犹太朋友的交流也减少到了节假日的问候,或者是过境时的短暂聚会。2017年初通过朋友田会军(Aaron)介绍,认识了阿米(Ami)。我们一见如故,第一次见面就聊了两个多小时,而大多数时候都是我在追问他的经历,他的教育经历、创业故事和人生阅历都让我感到很好奇。他认为我放弃美国优渥的生活跑回中国来创业很值得赞赏,我则认为他作为一个成功的以色列连续创业家,拖家带口来到上海这块陌生的土地,不惜从零到一重新创建另一家公司更不容易。虽然我们成长的文化背景截然不同,但是我们对于教育有着共同的兴趣和期望。所以当阿米问我是否愿意一起写一本书,来审视和研究以色列式的创新对于中国的学生和家长有什么启发和借鉴作用时,我欣然答应了。似乎冥冥中命运就安排让我在纽约认识那么多的犹太朋友,并且通过这次写书的机会把我从他们身上学到的优秀品质进行深入、系统的分析、挖掘和整理,并分享给更多的中国家长和朋友。

这不是一本学术论文,也不是自传,只是一位以色列创业家和一位中国的教育创业者对于两国文化、历史、教育的比较和思考,也借用此书寄托我们对于培养下一位中国诺贝尔奖获得者的美好愿望吧。

在此要感谢我人生中的良师益友:中学时代的语文老师于家鹏老师,一直信任我的英文老师陈洵民老师,北大的导师张玉安教授,哥大的导师乔·安妮·克莱夫根(Jo Anne Kleifgen)教授;还有坚定鼓励我报考北大的赵暖兄长,纽约求学期间为我打开很多扇窗的米文凯(Ken Miller)先生和欧伦斯(Stephen Orlins)先生。

这本书我们先用英文写作完成并出版,然后再翻译成中文出版。在翻译、出版的过程中,得到了高中好友张英隽、北大同寝室好闺蜜郑海娃、哥大小师妹周然、素未谋面的北大小师弟胡海林、优你教育的顾问钟芳好和复旦大学出版社编辑关春巧的鼎力支持。本书的封面设计承蒙好友张立伟(William)的大力支持和帮助。在此一并对他们无私的帮助和信任表示诚挚的感谢。没有他们的鼓励,我可能没有办法这么快地将中文版呈现给大家。

同时也要感谢我亲爱的爸爸黄银江、妈妈张蜜花、大姐黄兆晟、二姐黄兆旻,没有他们的教育和陪伴,我无法走出浦江,走向更大的世界,并且能够在看过世界以后再次回到生我、养我的中国。

开卷有益,希望这本书中探讨的观点对您有所启发。谢谢阅读,欢迎指正!

黄兆旦<br>2018.12

# 目录

前言 001

第一章　价值观的比较　001

第二章　什么是创新　013

第三章　从生存到成功　031

第四章　早期教育的探索　039

第五章　犹太逃难者　049

第六章　语言的力量　063

第七章　混沌中的创新　075

第八章　"离经叛道"　089

第九章　勇于冒险　105

第十章　兵役、责任与生命　123

第十一章　旅行、学习与命运　137

第十二章　那些诺贝尔奖犹太获得者　157

第十三章　结语　177

参考书目　184

# 前言

犹太人作为一个文化群体,其人口大约只占世界总人口的0.2%。尽管这个比例是如此微不足道,但是谁也不可否认,犹太人对我们的世界所做的贡献是举足轻重的。或许最能够印证这种贡献的是犹太人所获得诺贝尔奖的次数。自1895年设立诺贝尔奖以来,大约22%的诺贝尔奖得主是犹太人。进入21世纪之后,犹太人获得了26%的诺贝尔奖,在科学研究领域这个占比更是达到了28%。相比之下,中国有13亿人,占世界人口的比重超过18%,然而,迄今为止,华人在诺贝尔奖得主中的占比仅为1%。

数以千计的书籍、期刊和学术研究项目一直试图了解和解释为什么犹太人在各个学科和领域都能有如此卓越的表现。从心理学家、科学家、教育家到企业家,纷纷著书论证,解释犹太人取得成功、富有领导力和创新精神的原因。同样,成百上千研究犹太人经验的书籍,都在尝试告诉我们这些经验是如何经由古代犹太人的价值观、教育以及犹太民族纷繁复杂的历史积淀而成。基于类似的目的,近几年来,全世界的注意力开始转向中国及其在国际社会中扮演的关键角色。本书想通过探讨犹太人是如何孕育出不断创新的文化和成就,给中国的教育提供启示。

本书将探究这两种独特的世界级现象的共性、差异和联系。我们会深入地挖掘,在历史长河中犹太人和中国人是如何选择发展道路、塑造文化传统和价值观的,这两者在哪些方面异曲同工,在哪些方面天差地别。我们将为大家解读这两种古老文明的创造和创新方式。在下面的章节里,我们将用一种全新的视角来阐释犹太人是如何通过创新取得成功的。我们将从历史上众多诺贝尔奖犹太得主和犹太学者的成功经验中,总结归纳出核心理论,从而启发中国的教育者去学习并吸收犹太人民的创新精神,最终培育出中国的下一代创新思想者和诺贝尔奖获得者。此外,我们还将对当代的犹太学生和中国学生进行比较和对照。"他山之石,可以攻玉",希望我们能够互相学习,走向真正的创新之路,收获更多享有世界盛誉的诺贝尔奖。

通过分析犹太文化和中国文化的异同,以及教育方面的观点和方法的异同,我们可以借鉴犹太人的独特经验以及他们的创新精神,帮助中国的教育者更有效地培养中国学生的创新能力。

## 诺贝尔奖

在开始探索所有这些想法之前,我们有必要先回顾一下诺贝尔奖的由来以及诺贝尔奖的重要地位。作为世界范围内最受推崇的奖项,诺贝尔奖是由阿尔弗雷德·诺贝尔(Alfred Nobel)于1895年设立的。诺贝尔于1833年出生在瑞典斯德哥尔摩的一个工程师家庭。父亲也是一位发明家,因为发明了家用取暖的锅炉系统,受到俄国沙皇授予的勋章。母亲有着坚毅的品质。虽然诺贝尔并没有接受过太多的学校教育,但他从家庭教师的旅行、实践中拓展了学习的范畴和边界。除了学习各种理工学科,包括化学和工程学,他还对文学和哲学充满兴趣,业余时间也会写写诗,并进行文学创作。文学和科学是诺贝尔的两大精神支柱和创新源泉。他对发明武器尤其感兴趣,其中最有名的发明就是炸药。他的发明帮助军火商极大地提高了武器的现代化水平。他人生中最浓墨重彩的贡献就是他在遗嘱中表达了设立诺贝尔奖的愿望和细节,这是他留给人类最大的一笔财富。

临去世时,诺贝尔回顾并反思了自己致力于武器发明并取得商业成功的一生,忽然清醒地意识到自己应该给后人留下点有价值的遗产。因此他立下遗嘱并许下了最后一个愿望,希望将和平与理解带到这个他认为充满了非人道战争的世界。诺贝尔在他的遗嘱中写道,他的遗产中剩下的资金应该用来奖励"在前一年中为人类做出杰出贡献的人"。关于设立诺贝尔奖的遗嘱部分的内容如下:

在此我要求遗嘱执行人以如下方式处理我可以兑换的剩余财产:将投资在证券上的资金成立一个基金会。每年基金会投资产生的利息奖给在前一年中为人类做出杰出贡献的人。将此利息划分成五等份,分配如下:一份奖给在物理学界有最重大的发现或发明的人;一份奖给在化学上有最重大的发现或改进的人;一份奖给在生物学或医学界有最重大的发现的人;一份奖给在文学界创作出具有理想倾向的最佳作品的人;最后一份奖给为促进民族团结友好、取消或裁减常备军队以及为和平会议的组织和宣传尽到最大努力或做出最大贡献的人。物理学奖和化学奖由斯德哥尔摩瑞典皇家科学院颁发;医学和生物学奖由斯德哥尔摩罗琳医学院颁发;文学奖由斯德哥尔摩文学院颁发;和平奖由挪威议会选举产生的5人委员会颁发。对于获奖候选人的国籍不予任何考虑,也就是说,不管他或她是不是斯堪的纳维亚人,谁最符合条件谁就应该获得奖金。我在此声明,这样授予奖金是我的迫切愿望。

## 关于诺贝尔奖的关键事实

诺贝尔奖从 1901 年开始,在他逝世的时间 12 月 10

日下午四点半颁发。

瑞典银行在1968年为纪念诺贝尔,在原来五个奖项的基础上增加了诺贝尔经济学奖。

从1901年到2018年,共有908名个人和27个组织被授予诺贝尔奖。

2018年的诺贝尔奖金为900万瑞典克朗,大约690万人民币,或者大约99万美元。

诺贝尔奖作为创新和卓越的界定标准,在任何一个既定的领域,都被作为世界范畴内成功的最高境界。迄今为止获得诺贝尔奖的犹太人都是富有创新精神的成功人士。透过他们的日常生活、职业生涯和教育背景,我们试图寻找到犹太人成功之道的一种全新阐释,并把它提供给今天的中国学生。

伊西多·艾萨克·拉比(Isidor Isaac Rabi)是早期成功的诺贝尔奖犹太得主之一,他的事例可以为我们的这项研究树立标杆,定下基调。拉比出生于1898年,出生地为现在的波兰。在他只有一岁的时候,他和父母一起搬到了美国。他一生获得了许多成就,其中最显赫的成就是在1944年获得了诺贝尔物理学奖。在1993年9月《父母》①杂志的一次访谈中,拉比讨论了对他影响最大的教育问题:

---

① 美国知名出版集团Meredith旗下的顶级育儿杂志品牌。该杂志着重普及儿童发展科学知识,帮助父母更好地养育孩子。

我的母亲在不经意间把我培养成了一个科学家。在纽约布鲁克林区居住的每个犹太母亲都会在放学后问她的孩子："怎么样？你今天学到什么了呢？"但是，我的妈妈从来不问我这个问题。她会说："伊兹，你今天问了一个好问题吗？"正是问出好问题使我成为一名科学家。

拉比认为，伟大的思想是从问问题开始的。他还相信，他的成功至少在一定程度上归功于他父母从小就给他灌输的价值观。在本书后面的内容中，我们将努力诠释问一个"好问题"意味着什么。我们将通过清晰地定义这些问题的核心原则，帮助家长和老师来指导孩子成为创新型的思考者。我们相信，在孕育问"好问题"文化的潜移默化影响下，我们可以灌输给年轻的思想家们一种充满好奇和有目的性的思考。在我们分析犹太学生、学者和初创公司CEO们的成长之路时，我们将重点探讨"好问题"这个概念在他们获得成功的过程中扮演的角色。

如何在充满竞争和变数、人工智能不断发展的21世纪让孩子们具备与时俱进的知识、技能和看不见的软实力，是全世界的教育工作者和家长们面临的共同挑战，其中尤其重要的是无法用量化指标衡量的软实力。从20世纪90年代哈佛大学教授约瑟夫·奈（Joseph Nye）首次提出"软实力"这个概念至今，越来越多的公司开始注重考核员工的辩证思维能力、沟通能力、解决问题能力等无法用证书考核的非技能型能力。

我们也意识到养育未来的创新者是一项非常艰巨而复杂的工作。这项工作在中国当今的教育体系中显得尤为重要和突出，因为在中国的教育制度下，在学生努力取得高分和学业成功的过程中，这项工作面临诸多的障碍。中国在成功教育年轻人的道路上面临着深刻挑战。家长和教育工作者们现在可以开始扪心自问：一方面是强调学业和考试，为家庭争光，为国家做贡献；另一方面是激发孩子们的潜能，发现自己与众不同的优势——两者之间该如何平衡？今天的中国学生有的在追求着"中国梦"，努力成为世界上最优秀的人，这毫无疑问是一个崇高的目标；有的从小衣食无忧，不认为人生需要把自己逼得太辛苦，开心就好。但是，无论什么目标，实现一个自我丰富的人生，我们必须找到一个融会贯通的方式。既能实现中国式的目标，为家、为国争光，又能像那些知名的犹太创新者一样，用热情、自我激励和勇气点燃自己，实现自己的人生使命。

虽然我们试图给中国的父母和教育工作者提供一些真知灼见和实操工具，但是本书的目的和重点并不是评价中国当前的学校教育结构，同样，我们也不提供任何能够超越中国现行教育体系的所谓"成功秘诀"。本书的重点是形成一套具有创新导向的思想体系。本书的两位作者虽然有着迥然不同的生活经历和教育背景，但是他们有着同样敏锐的商业头脑和一份无私的利他之心，两人很好地利用了这些特点，把他们具有清晰国际视野的观点和建议呈现在读者面前。不管怎样,本书的构思是去理解中国在国际社会中所扮演的关键角色,并努力为中国的父母和教育工作者们培养出未来的创新者提供一些启发和帮助。

## 关于作者

本书由阿米·德罗尔(Ami Dror)和黄兆旦博士(Jordan Huang)合作完成。两位创业者,一位来自以色列,一位来自中国,他们理论结合实践的写书角度使得读者可以对犹太文化有深入的了解,包括与犹太文化相关联的培养创造、创新精神和突破性解决问题的能力。他们将聪明的头脑和丰富的生活阅历聚在一起,力争把华人和犹太人两个世界的成功经验最好地展示给读者。

阿米出生在以色列南部,是一名自学成才的计算机程序员和持续创业的企业家。通过阅读他母亲给他买的关于计算机的简易教材,他开始对技术产生了浓厚的兴趣。很快,他便说服父母贷款买了一台电脑,从此他内心的创新精神被彻底点燃。数十年之后,阿米从负责以色列总统和总理安全事务的政府职位卸任,而后相继成立了多家创业公司。从3D技术、编程到机器人技术等,阿米都取得了巨大成功。后来,阿米带着家人定居上海,创立立乐教育公司,专注推广少儿编程,因为在他看来,计算机语言将是一门21世纪少儿都要掌握的语言。阿米为读者带来的不仅是他独特的文化经历以及他对犹太人创新精神的看法,还有他对中以教育异同的深刻思考。

黄兆旦博士出生在江南书画之乡浦江,家中排行老三。爸爸妈妈都是"文革"年代的大学生,从小对子女教育颇为上心,通过游戏和提问不断激发三个女儿的学习热情和好奇心。黄博士和姐姐们在早期的传统教育中不断接受挑战,获得了国内外顶尖学府的奖学金和学位文凭。除了自己获得北京大学的学士和硕士学位,以及美国哥伦比亚大学的教育学博士学位,黄博士的两个姐姐,一位是美国牙医学博士,在加州拥有自己的诊所;另一位是美国顶尖注册精算师。黄兆旦并不是传统意义上的女博士,她曾是北京大学学生会副主席,负责北大百年校庆的学生活动;曾获学校辩论赛最佳辩手、十佳歌手等荣誉;还是北大舞蹈团成员和广播电台主播。在美国求学期间她不断拓展自己的舒适边界,尝试各种工作,从中英文教师、美国中文电视台新闻主播、中文学校校长、跨国公司销售代表到咨询公司资深战略顾问。黄博士最终选择从零到一创立优你教育公司,并回到中国,致力于国际教育咨询,并在咨询过程中融入积极心理学和天赋优势原则。她的理想是能够打造一个幸福家庭生态圈。从家长教育、孩子学业规划到幸福动力课程,帮助大家成为更美好的自己,同时善待他人和世界。另外她也成为一名跨文化使者,对于国际合作及其内在运行机制有深刻的理解。黄博士正在为无数的年轻学子和中国家庭带去启迪和指导。

什么原因让两位作者为了写这本书而聚到一起呢?原来阿米和黄博士都有一个根植于心的共同信念:学习犹

太人的文化、传统和教育体系(这些为犹太人带来了22%的诺贝尔奖获奖率),这对于我们帮助中国学生成为成功的、国际公认的创新者很有意义。要做到这一点,中国的孩子、家长和老师必须要有途径获知这些见解和工具。当展望未来的时候,阿米和黄博士都明白,只有审视过去,我们才能为子孙后代创造一个更新、更好的国际社会。虽然市场上已经有众多的研究犹太人教育的书,但这将是第一本由具有国际视野的以色列和中国创业者合著的书籍,希望给读者带去别具一格的视角。

这本书是一本用心之作。它为大家提供了关于犹太式创新和中国式创新的跨文化比较。在呈现每个主题时硬币的正反两面都会被审视。我们寻求将犹太历史和现状与当代的中国文化和教育体系做一个平衡对比。最后,我们对过去和现在提供了自己的分析和解释,希望解码创新"DNA"的秘密。我们热衷于综合独特的专业技能和不同的经历体验,目的只是为中国未来的成功者提供启发。除了提供帮助之外,本书更加注重寻求点燃希望。作为白手起家、自我激励的创业者们,两位作者也为读者介绍各自为了获得成功而克服的艰苦处境和障碍,希望借此激发每一位读者的企业家精神,激励大家为未来创造出更好的解决方案而不懈努力。

以下各章节将深入研究和介绍犹太文化和中国文化中对于学习的理解,以及两种文化中现代教育体系的演变,我们也会举一些诺贝尔奖犹太得主的传记片段作为例子。在深入探讨两种文化和受人推崇的教育传统与价值观的历史因素之后，我们也将提出一系列的关键词和教育概念，并与中国学生的生活相结合。每个章节结尾呈现的结论都将基于贯穿历史的犹太学者、教育家和发明家的成功经历，从而为读者提供洞察之见。

# 第一章
# 价值观的比较

　　真心追求知识、近乎狂热地热爱正义与渴望个人独立等,这些都是犹太人的传统;因此,我很庆幸自己是犹太人。

　　　　　　　　——阿尔伯特·爱因斯坦

乍一看，中国和犹太两个民族的文化差异很大，实际上这两种文化在许多方面的价值观有相似的基础。为了更好地理解中国人和犹太人的信仰与习俗的趋同，我们首先要转向过去，了解历史。两个民族都有着悠久而丰富的历史，这在形成中国人和犹太人的个人、家庭和社会风俗习惯以及今天的日常行为方面铺垫了深厚的底色。

就中国人而言，这些传统可以追溯到公元前1600年，在黄河流域和长江流域，华夏文明不断演变和发展。作为世界上最古老的文明之一，古代中国有着高度发达的文化、独领风骚的文学、前沿先进的思想，而同时期其他地方的文明很难与之媲美。同样，宗教文学里也讲述了早在公元前1500年以色列建国的故事。那时的犹太人居住在新月沃土，一片位于地中海和约旦河之间的肥沃土地。从一开始，他们就一直被周边的帝国所征服和统治，包括古巴比伦、古希腊和古罗马，犹太人多次被边缘化。尽管面临这些挑战，犹太民族依然秉承他们的信仰，在崇尚知识、领导力和学习精神的文化中,不断坚持、繁衍和壮大。和中国人一样,长期以来犹太人一直把对古老的传统和信仰的忠诚放在首位,他们经常为了维护这些传统和价值观而战争,甚至不惜牺牲生命。在中华民族和犹太民族的历史长河中,两种文化在学术、哲学和社会方面都取得了巨大的进步,同时又都投入了大量的时间和资源维系其民族的文化传统,代代相传,以确保他们的核心价值观保持完整无缺。

这些核心价值观中,教育一直在中国和犹太文化中处于中心地位。历经无数代人,中国和犹太家庭一直把学习文化放在首位,往往会不遗余力地确保他们的孩子有机会进入最好的学校。在中国,从古代王朝时期一直到今天,学生们都被激励着通过他们学业上的成就去获得成功。学习受到高度的重视,每个孩子都有责任利用学习来改善他们的生活以及他们周围人的生活。同样,以色列和世界各地的犹太家庭也有这样的传统,他们会对子女的教育进行广泛的投资。2016年皮尤研究中心(Pew Research Center)[①]的一份报告发现,几乎所有(99%)的25岁及以上的犹太成年人至少受过一些小学教育,大多数(61%)拥有中学以上的学历。

在我们探索犹太文化和中国文化中的教育焦点问题时,"虎妈"的概念值得我们注意。"虎妈"的称谓,最早是

---

① 2004年成立,总部在华盛顿特区,是美国一间独立民调机构,对影响美国乃至世界的问题、态度与潮流提供信息资料。

由耶鲁大学华裔教授蔡美儿提出的,她将自己对两个女儿的教育过程记录下来并出版成书。因为蔡美儿在虎年出生,教育方式又非常严酷,于是给自己的书取名为《虎妈战歌》。这本书一经出版就引起了全世界对于中西方不同教育方式的热烈讨论。"虎妈"一词,俨然是对中国传统教育中一直存在的对孩子严格管控的最贴切的形容,随之还诞生了如"狼爸""鹰爸"及与其对应的"猫妈"之类的名词。"虎妈"式教育要求孩子严格执行家长制定好的方案,为了达成目标不能有丝毫的懈怠。众所周知,犹太母亲和中国母亲对自己的孩子都有极高的期望值,尤其是在教育方面。在这两个不同的文化中,母亲都是孩子的主要教导者和机会寻找者,但中国式"虎妈"和犹太式"虎妈",在激励孩子的方式上存在着本质的区别。中国文化因为受到儒家思想的影响,当我们在不遵守某种既定的行为准则之后会产生羞耻感;而犹太人从小在独特的宗教环境中成长,遇到相同的事情产生的却是罪恶感。虽然羞耻感和罪恶感都能激发人的改变,但是对于中国人来说,羞耻感是一种来自外部的压力,我们更能因为外力影响而消沉或者成功;而罪恶感源于人的自身,犹太人在这样的宗教文化影响下,对成功的渴望往往是发自内心的动力。但是无论如何,两种文化之下母亲们的关注都养育了许多成就卓越的孩子。总之,中国和犹太文化都高度重视后代的教育问题,并且在年轻人的社群中树立了学业优秀的标杆。

两种文化同样重视家庭的价值。一句著名的中国谚语提供了最好的阐释：家和万事兴。意思就是说：如果一个家庭和睦相处，一切都会兴旺发达起来。直到现在，对于中国家庭来说，四世同堂依然是一个正常的现象。大家在许多方面都被视为一个整体，是一家人，而不是四分五裂的独立家庭。在过去的几十年里，中国经济和人口的面貌发生了巨大的变化，但祖父母在抚养孙辈方面仍然普遍地扮演着一个重要的角色，以使自己的子女能够继续专注于职业发展和供养家庭。在中国，教育和抚养儿童一直是一个家族层面的事情。与此相类似，犹太家庭也有一套长期信守的传统和习俗，就如同黏合剂一样，保持家庭生活的稳固。从安息日晚餐的家庭聚会到节假日的庆祝活动，再到各种不成文的文化规范，当父母双方都不在的时候，祖母自然而然地就成为孙辈的监护人。

　　中国和犹太民族许多相似的价值观在浩瀚的古代典籍中都有据可循。这些大部头的书籍不仅文字优美，而且往往充满哲学的智慧。中国人和犹太人都为自己的书面和口头传统而感到自豪，很多相似的原则正是来源于这些古老的信仰。其中最突出的例子就是所谓的"黄金法则"：对待别人，就像你希望别人对待你一样。这一信念在两种文化中都是独立和平行发展的。在犹太教中，这种"互惠的伦理"来源于长者希勒的塔木德①。"对你来说是可憎的事，也不要对你的同伴做"，这是一条概括犹太教本质的原

---

① 塔木德：意为教导式学习，是犹太教中的宗教文献，记录了犹太教的律法、条例和传统。

则。在中国,相对等的就是在《论语》中孔子所说的"己所不欲,勿施于人",意思就是:自己所不愿意要的,不要强加给别人。

"黄金法则"只是源自犹太宗教人士、典籍和信条的众多价值观中的一条而已。也许最值得注意,同时也是最为著名的一套原则是"十诫"。如《圣经》故事里讲述的,犹太人在摩西的领导下,走出埃及,摆脱奴役。他们在埃及和以色列之间的沙漠中徘徊,寻找他们的家园。在这些年里,摩西收到了一封来自上帝的信,上帝叫他爬上西奈山的山顶。摩西听从了,并在山顶从神那里收到两块石碑,每块石碑上刻有五条律法,这就是后来有名的"十诫"。从许多方面来说,"十诫"是犹太人法律的基石。后来,它们被译成通俗的英语,作为"摩西十诫"或"10条规则",被世界各地的许多文化所采用。以下是"十诫"的清单,以及摘自《圣经》的节选:

第一诫:我是耶和华,你的神,曾将你从埃及地为奴之家领了出来。(《出埃及记》20章2节)

第二诫:除了我以外,你不可有别的神。不可为自己雕刻偶像,也不可作什么形像仿佛上天、下地,和地底下、水中的百物。(《出埃及记》20章3—4节)

第三诫:不可妄称耶和华——你神的名;因为妄称耶和华名的,耶和华必不以他为无罪。(《出埃及记》20章7节)

第四诫:当记念安息日,守为圣日。六日要劳碌作你一切的工,但第七日是向耶和华——你神当守的安息日。这一日你和你的儿女、仆婢、牲畜,并你城里寄居的客旅,无论何工都不可作。(《出埃及记》20章8—10节)

第五诫:当孝敬父母,使你的日子在耶和华——你神所赐你的地上得以长久。(《出埃及记》20章12节)

第六诫:不可杀人。(《出埃及记》20章13节)

第七诫:不可奸淫。(《出埃及记》20章13节)

第八诫:不可偷盗。(《出埃及记》20章13节)

第九诫:不可作假见证陷害人。(《出埃及记》20章13节)

第十诫:不可贪邻居的房屋;也不可贪邻居的妻子、仆婢、牛驴,和他一切所有的。(《出埃及记》20章14节)

作为宗教生活的核心部分,犹太人可以花数年的时间来学习遵循和膜拜"十诫"的方式,以及在《托拉犹太律法》或《圣经》中学习到的许多教训。他们以"托拉"的话作为犹太人日常生活的指南。我们必须指出,犹太教已经超越了宗教信仰本身,被视为一种生活方式。犹太教的书面和口头传统代代相传,在每一位犹太人的成长和教育中都有着特殊的地位。除了"十诫"之外,还有六个中心原则,它们充当着塑造犹太人生活和学习的指导方针和核心信仰。世界各地的犹太人,无论他们在哪里长大,都熟悉这些原则。值得注意的是,这六个原则在中国文化中也各有其对应之处。

第一个原则是永远做好事。犹太教鼓励个人寻找各种机会,将善意带入他们以及他们周围人的生活。孩子们从小就懂得了简单的善举的重要性,比如在早上,怀着快乐的心情问候父母和兄弟姐妹。做好事在中国文化中同样受到尊崇。中国传统的教育价值观强调"与人为善",即"助人为乐"。同样,《论语》里有一个重要的理念:"君子成人之美,不成人之恶",意思就是:君子成全别人的好事,不帮助别人做坏事。

第二个原则是对他人怀有同情心,而不期望任何的回报。从给饥饿的人喂食到探望病人,犹太教清楚地阐明了在一生中施善行仁义的重要性。除了表示同情和尊重他人的金科玉律外,中国人还认为:"日行一善,积善积德。"意思就是:每天做一件好事,积累善良和美德。老子的《道德经》写道:"上善若水,水善利万物而不争。"意思是说:最高境界的善行,就像水的品性一样,泽被万物而不争名利。

第三个原则是热情好客。这被认为是犹太人的待客之道。邀请亲人、朋友,甚至陌生人到你的家里来,能让人学会善待他人,懂得对他人慷慨行事的重要性。在中文里,好客由"好"和"客"两个字组成。第一个字"好"代表喜欢或者爱,而第二字"客"自然就是客人的意思。从这个意义上说,"好客"这个词的本质就是对客人表示喜欢或爱。跟犹太人一样,在中国的日常生活中,好客的品质很重要。

好客的心情可以用孔子的著名的一句话来形容:"有朋自远方来,不亦说乎?"有志同道合的朋友从远方来,不也很高兴吗?

第四个原则是慈善。慈善的概念在犹太人的日常生活中非常普遍,它是为了提醒人们应该慷慨大方,并尽一切努力帮助慈善组织和那些需要帮助的个人。中国有句古话:"勿以善小而不为",便是这个概念的写照,"不要以为是很小的好事就不去做"。中国人相信,帮助别人,也会使自己受益。所谓"赠人玫瑰,手留余香",这个有名的成语形象地展示了这一原则。

2018年9月在香港国际慈善会上,作者(阿米)与诺贝尔经济学奖获得者詹姆斯·赫克曼(James Hackman)、诺贝尔和平奖获得者默罕默德·尤努斯(Mohàmmad Yunes)、香港赛马会慈善及社区事务执行总监张亮、美国环保协会北京代表处首席代表张建宇合影

第五个原则是探访病人。这一原则旨在向犹太人灌输一种理念,就是在任何时候都要帮助病人痊愈。从确保

长者安度晚年到帮助那些有病又无法自救的人,探访病人的概念反映了犹太教寻求促进个人之间相互尊重的方式。与其他原则一样,中国文化中也有一个表达这一价值观的类似原则。孟子说:"老吾老以及人之老,幼吾幼以及人之幼",意思是:把对老人的尊重从自己的家庭扩展到其他家庭,将对小孩的爱从自己的家庭扩展到其他家庭。

**第六个也是最后一个中心原则叫作不说"坏话"。**这一原则是犹太教教导个人在说话前思考,并努力不说别人坏话的方式之一。托拉律法教导犹太人不要在公开场合使别人难堪,不要说谎,要明白言语的分量,要知道语言会帮助别人,也可能会伤害别人。这一原则在中国文化和价值观中同样重要,"良言一句三冬暖,恶语伤人六月寒",这句谚语即为最好的例证,意思是说:一句好话让人即使在最冷的冬天也能感到温暖,相反,一句坏话也可以伤害别人,让酷热的六月如冬天般寒冷。

尽管有许多趋同的价值观,但也有几个例子说明共同原则在犹太和中国文化中有着不同的运用方式。其中一个例子就是屈辱和服从在中国文化和犹太文化中的含义不尽相同。正如我们看到的那样,在中国和犹太人日常生活的核心宗教原则和文化规范中,尊重是核心价值观,塑造每个人的信仰和行动。因此,无论犹太文化还是中国文化都有一个强烈的概念:他们对于不光彩的行为或不尊重自己的文化或信仰的行为的暗含意义非常清楚且重视。无论一个人的行为是否侮辱他们的上帝、家庭或国家,中国人和犹太人都非常了解这种不光彩行为的文化影响,并竭力避免这种情况的发生。在中国,大人经常会跟孩子说"不能给家里丢脸",以此来激励孩子养成良好的学习习惯,以及强化大人所期望的行为模式。但是同样的策略在犹太人群体中并不常见,在犹太人的教育体系中,孩子们从小被鼓励要学会,不要轻易地服从权威或者人云亦云。相反,大多数的策略都是围绕鼓励个人更好地维持与上帝的关系,并持续致力于过着以犹太人价值观为中心的生活。当我们在后面的章节中更详细地探讨这些概念时,我们将讨论两种价值观在应用方面的分歧。每一条中心原则在这两种文化中都保持着独特性,就像一块块拼图一样,各自拼出中国文化和犹太文化绚丽的模样。

# 第二章
# 什么是创新

想象力比知识更重要。因为知识是有限的,而想象力概括着世界上的一切,推动着社会进步,并且是知识进化的源泉。严格地说,想象力是科学研究中的实在因素。

——阿尔伯特·爱因斯坦

行为科学家皮特·福利（Pete Foley）将创新定义为"一个伟大的想法，被人们出色地付诸实践，并为其原始概念的神奇得到直观而充分的颂扬。"只有具备所有这些要素，我们才能获得成功。创新的想法可大可小，但需具有突破性或颠覆性，要么创造一个新的类别，要么戏剧性地改变现状，并将现有的市场领先者无情抛弃。在经济学、管理学和应用分析领域，创新被描述为"以一种影响社会的方式将各种新思想结合在一起的过程的结果"。此外，出于商业和消费者的目的，创新被定义为"更优解决方案的应用，进而满足那些新的或者现有的市场需求。而这些需求的实现方式，是随时随地向市场、政府和社会提供更有效的产品、流程、服务、技术或商业模式"。

我们在这里提出的问题是：如何创新？一个人或一个公司如何才能变得具有创新精神？如果说每一个犹太裔诺贝尔奖得主都给我们的世界增添了一项创新，那么他们是如何变得富有创新精神的呢？从孩提时代到学生时代，再到成年,是什么激励他们成为创新者?创新需要什么?如何才能实现?下面的章节我们将对这些问题进行解答。但首先,我们一起来看下"创新传播图"(见图2-1),它对我们正在探讨的创造力和成功的几个方面和领域做了具体的定义。

## 创新的传播

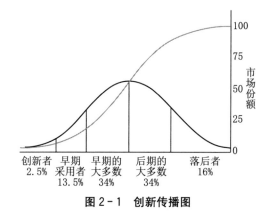

图2-1 创新传播图

由沟通学教授埃弗雷特·罗杰斯(Everett Rogers)推广的创新传播图(见图2-1)展示了创新的五个主要阶段,以及创新是如何在市场中扩散,并最终在市场上得到广泛应用的。正如人们广泛承认的和我们将在后面章节中展示的那样,犹太人往往是那2.5%的创新先驱者。从诺贝尔奖得主到现代的以色列创业公司,犹太科学家和工程师们都表现出了"扰乱"市场的能力。他们以技术领先者的身份出现,并充当着图2-1中创新者和早期采用者的角色。当大多数人开始采用的时候,这群创新者又开始思考如何进行更大的突破。一个创新者总是先人一步的引领，而不是在超过半数人认可某项发明后的跟随。

我们需要强有力的创新者来领导我们的社会以及应对全球挑战，而这一需求的重要性在全球化发展的今天更加迫在眉睫。正如美国克林顿总统时期的教育部部长理查德·莱利(Richard Riley)所描述的，"未来需求最大的工作还不存在，这些工作需要工人使用的技术也尚未发明，而这些技术要解决的问题，对于现在的我们来说，甚至不知其为问题"。要为这样的一个将来做好准备，我们今天的学生教育尤其应该注重创新能力的培养，而创新能力的培养跟批判性思维的培养息息相关。学生们应该将好奇心和批判性思维结合起来，以克服困难，解决问题。

对于一个社会来说，我们必须努力把创造力放在学习课程的中心位置。然而不幸的是，当今教育体系中的大多数学生都严重缺乏这些关键技能。虽然我们都同意，在学校里教授某些主题和科目是必要的，但我们必须想办法同时培养学生的批判性和创新思维。关于批判性思维，很多人有误解，跟"批评性"混为一谈。两个词的英文都是"critical"，词源是希腊文"kritikos"，意思是辨别力、洞察力和判断力，而不仅仅是提出不同意见。批判性思维指的是在求知的过程中能够以一种反思的、心灵开放的方式进行思考。最早起源于苏格拉底式问答法，即通过一系列的对话、讨论甚至辩论来交流并启发深层次的思考。批判性思维在现代教育中的发展得益于美国教育之父杜威(John

Dewey),他提出的反思性思维(reflective thinking)强调在对某个观点或者假说进行赞成或者反驳之前,最好开展缜密的推理和研究,而不是妄下结论。经过理论家的不断推进,批判性思维的培养成为西方教育体系中举足轻重的内容。比如北美留学需要考核的英文测试中,美国中考小赛达"SSAT"、高考赛达"SAT"、研究生入学考试"GRE"和商学院入学考试"GMAT"都会考核学生的批判性阅读(critical reading)和分析性写作(analytical writing)的能力。①

那么,到底如何培养批判性思维呢?首先,要有好奇心,学会目的性思考和分析,即问题是什么?为什么会这样?就像法国哲学家帕斯卡尔(Blaise Pascal)所说的,"人是一根会思考的芦苇"。他的比喻很独特。人的肉体和生命好比芦苇,是自然界最脆弱的东西,不堪一击,但是人因为会思考而有别于其他世间万物。人的全部尊严在于思想。我们的思想不受限制,囊括宇宙,通向无穷。其次,就是思考针对这个问题都有哪些不同观点存在。好比写学

---

① "SSAT"全称"Secondary School Admission Test",即为美国中学入学考试,适用于美国、加拿大私立中学的入学,用以衡量学生的数学、语文以及阅读理解能力,考察考生的逻辑思维和发展潜力。"SAT"全称"Scholastic Assessment Test",为学术能力评估测试,是世界各国高中生申请美国大学入学资格及奖学金的重要参考,主要是考察学生们在大学阶段所必需的阅读写作以及逻辑思维能力。"GRE"全称"Graduate Record Examination",为美国研究生入学考试,适用于除法律与商业外的各专业的研究生申请,主要考察学生的高级认知能力(语言)、逻辑推理和写作技巧(写作)、解读数据量化信息的能力(数学)。"GMAT"全称"Graduate Management Admission Test",为经企管理研究生入学考试,主要是经济管理类研究生申请的重要考核标准。比起"GRE","GMAT"更为重视学生的头脑反应、逻辑思维和解决实际问题的能力。

术论文的文献综述(literature review),针对论文研究的课题查看相关的文献资料,综合分析和评价已经发表的观点。再次,从不同的角度对这些论点和论据进行评估和交叉分析,它们各自的理论框架是什么?合理和不合理的地方各自是什么?最后,经过综合考虑和分析,得出自己解决问题的结论。所以这是一个站在前人肩膀上审慎思考和总结的过程。好奇心、批判性和创新的培养三个缺一不可。只有这样,我们才能为以后做准备,去解决那些我们甚至"不知其为问题"的问题。

备受尊敬的《纽约时报》专栏作家托马斯·弗里德曼(Thomas L. Friedman)(《世界是平的》一书的作者)提出了一个公式,来证明好奇心和创新的重要性:

$$CQ + PQ > IQ$$

即好奇商(CQ,即 Curiosity Quotient)＋热爱商(PQ,即 Passion Quotient)＞智商(IQ,即 Intelligence Quotient)。

弗里德曼解释道:"给我一个热爱学习、对世界充满好奇心的孩子,我会让他或她随时超越那些智商很高但是不热爱学习的孩子。"弗里德曼认为,智商固然重要,但激发创新的不是其他,正是好奇心和热爱。

正是这个创新思维的进程,为今天以及下一代的中国学生开辟了一个富有机遇的新世界。虽然在中国显然有一些人符合弗里德曼的上述理论——他们除了有令人印象深刻的智商之外,也是好奇的思想者和热情的学习者——但是在今天的中国,这些人可能被视为异类。然而,我们认为,这些异类可以而且应该代表中国学生的成功典范。在家长和教育工作者的帮助下,中国学生可以从传统的以考试为中心的学习,走向一条激发热情和好奇心的发现之路。如此一来,中国就将能创造我们所说的"创新的文化基础"。

### 创新的历史:旧的和新的

犹太人成为创新者,某种程度上可以说是"无心插柳柳成荫"。在古代,犹太人在政治上、经济上、社会上不断被边缘化。当一群人面临资源被剥夺、没有其他选择的时候,就必须为自己创造一个新的环境。从本质上说,创新就是创造新的选择。虽然这可能不是犹太人创新的唯一催化剂,但它至少是一个重要的原因。正如历史所证明的那样,在面临选择困境时,并非每一种文化的每一个族群都能够创新,为自己创造新的生活方式。还有许多其他的因素和文化经验,共同构建出我们前面所提到的"创新的文化基础"。

虽然犹太人创新的历史可以追溯到几个世纪以前,但这种创新的文化基础,最好通过欧洲犹太人创新的一些例子来证明。我们先来看看犹太人是如何将自己定位为银行专家和信贷创新者的。中世纪期间,欧洲各地的犹太人被限制在某些地区,被迫居住在城墙之外,不允许拥有土地。在欧洲的大部分地区,他们受到迫害,必须遵守严格的规章制度。犹太人有悠久的贸易传统,从东方人手里交换大量的丝绸和香料,他们被迫在欧洲城市的城墙外谋生,而通常情况下贸易和商业行为就在城墙外发生。那么,这些没有土地和权力的犹太人是如何成为欧洲顶级银行专家的,并且不仅能够生存,而且能够获得某种程度的自由呢?简单地说,他们认识到了一个机会,成为创新者,创造了属于他们自己的产业。

大约在14至16世纪,欧洲的基督徒被禁止进行高利贷或收取贷款利息。犹太人意识到,基督徒不能放贷收息,但是他们可以!这促成了犹太借贷业务和体系的兴起,进而控制了当时大部分的国际粮食贸易。除了做农作物的期货交易外,犹太人也开始利用他们在国际市场上的地位,为文艺复兴时期一些最伟大的家族提供艺术、城市以及军队建设方面的资金支持。

中国历史上的创新当然并不少见。造纸术、火药、指南针和活字印刷术,作为四大发明闻名于世。来自不同地方和不同朝代的中国创新者们,为他们在日常生活中面临的重要问题提供了解决方案。就像许多发明一样,面对众所周知的挑战,中国的创新者能够创造出一种新的解决方案。

让我们以公元105年蔡伦发明的造纸术为例。这位宫廷宦官提出了问题之所在:所有的书面材料都必须刻在沉重的竹简或昂贵的丝绸上。蔡伦通过发明用更轻质材料制成的纸,彻底改变了一种深远的文化规范。他的创新使人类口述历史的记录、运输和传播成为可能。在迈克尔·哈特(Michael H. Hart)的《历史上最有影响力的100位人物排行榜》一书中，蔡伦被列为历史上最有影响力人物排行榜的第七位。这份榜单还包括谷登堡、爱因斯坦、巴斯德、伽利略和亚里士多德等人。蔡伦在这份"前100位人物排行榜"中的地位是非常重要的。这佐证了中国人对学术和创造力的重视，表明中国自古不缺发明家，且未来创新的潜力巨大。现在我们必须问：中国的下一个蔡伦将如何诞生？如同纸的发明和标准化一样，中国的下一个伟大发明将如何产生，并在未来的几个世纪里对全球产生深远的影响？

欧洲的犹太银行家可能是第一批为谋生而"绕开市场"进行创新的犹太人，但他们肯定不是最后一批。由于缺乏其他机会而产生的创新先例，同样可以在我们现在称之为"好莱坞"的建立中找到。好莱坞实质上是一个梦想的实现。美国的犹太移民和在美国出生的第一代犹太人，从19世纪末期开始登陆美国东海岸，希望找到一个即使是失败者，但只要他肯努力工作就能谋求生计的地方。然而，这个美好的梦想很快破灭，取而代之的是残酷的现实。在现实中，因为严格的配额和反犹太主义政策，犹太人不能在金融领域工作，不能上最好的学校，不能做任何体面的生意，不能从事许多行业。许多犹太家庭发现自己被安置在低人一等的移民聚居区，这与他们在欧洲的生活条件并没有太大的不同。不久之后，他们中的一些人便跃跃欲试,决定去美国的其他地方"扬名立万"。他们离开了东部港口城市的"新"犹太人聚居区,前往美国西海岸。

好莱坞的第一批大亨是专业的推销员。他们对待电影行业的态度,与他们在其他行业成功销售产品的做法如出一辙。从衣服、手套、钻石和皮货,直到电影,这些推销员在新兴的电影产业中看到了创造大众吸引力的可能性,而且该产业还有一个重要的额外好处:消费者在看到产品之前就已经付钱了。

犹太人在加利福尼亚的好莱坞山创造电影产业之前,电影被广泛认为是普通工薪阶层的娱乐方式。在这之前,电影把一个理想化的美国定格为:在那里,最上面的永远是精英阶层,制定规则,统治一切;移民阶层则在社会中处于次要角色,只能在一边袖手旁观。而且电影经常成为种族主义者和反犹主义者的宣传工具。在很长一段时间里,好莱坞的电影标榜白人天主教徒的特权阶级地位,而刻意贬低所谓的"其他"种族,并企图长期维持这种不公正的现状。

创建好莱坞的犹太人之所以能够成为电影产业的创新者,仅仅是因为他们把终身学习的传统、对文化的欣赏以及艺术表现形式的多样性与电影产业完美结合。在美国,犹太人被排除在各种上流社会的职业之外,所以当他们作为制片人进入电影产业时,他们的内心深处怀有对成功的强烈渴望,而要想在这个残酷的行业中茁壮成长,还必须有足够的勇气。他们明白,如果他们不是先于别人去创新，他们的电影就会遭遇票房的惨败。这些曾经的地地道道的推销员，充分利用以前的经验，想方设法去打破现有的电影产业格局，并在这个过程中，创造了一个针对美国中产阶级的新的观影阶层。他们将在贫民区谋生的技巧用在了电影产业上，他们为那些从未被开发的观众编织出一个美国梦，并大张旗鼓地进行推广。

在中国，尽管类似的创新故事有很多，但最突出、最具中国特色的或许是阿里巴巴创始人马云的故事。这个大众熟悉的"白手起家"的故事，展示了创新是如何促成了全球最成功的电商企业的建立。就像在美国的犹太移民一样，出身卑微、缺乏资源、出生在杭州的马云没有钱，也没有亲戚和朋友可以帮助他出人头地。在他面前唯一的出路就是读书成才。马云高中毕业后，尽管做了最大努力，但在前两次高考都没有成功的情况下，马云拒绝放弃，继续努力学习，最终考上了杭州师范学院。大学毕业后，马云找工作四处碰壁，在他最终被聘为一名英语教师之前，他只能在当地的一家肯德基连锁店工作。但他对学习仍然充满渴望，想要追求一个更高的学位。他申请到哈佛大学深造，并先后被拒绝了10次。

这个毫无经验、经常被拒绝的年轻人，是如何成为世界上最令人叹为观止的计算机和互联网行业的创新者和早期采用者呢？在1995年的一次美国之行中，他第一次了解到互联网。马云意识到，中国在互联网领域的创新和机遇已经成熟。马云没有等到手头有一件完美的产品，就立即为他创建的"中国黄页"及相关企业筹集了种子资金，为中国的企业和个人提供网址检索服务。这些早期的努力最终成为阿里巴巴这个全球巨头的最初雏形。通过满足新发现的需求，马云在国内新电商行业中击败了他的竞争对手，并开发了全球最为庞大的客户群。

马云自己承认，直到33岁，他才拥有一台个人电脑。我们知道他的学术生涯不那么辉煌。因此，我们试图了解：是什么让一个没有高学历或计算机工程技能的人创建了中国最具创新性的电子商务营销平台？也许更重要的是，我们必须审视并更好地了解一下马云的历史，才能知道为什么他的公司能够成为纽约证券交易所历史上规模最大的IPO，筹得250亿美元以上的资金。

事实上，马云的故事并不是独一无二的。在中国，其他的创新者也可以取得同样的成就，中国有能力构筑这种创新的基础，培育出像马云一样有坚定头脑的人物。要构筑这个创新基础，中国面临的主要挑战是，如何在课堂上引入对批判性思维的渴望、培养通过质疑和创新对现状进行挑战的倾向，以及迅速发现新机会的能力。创新正在中国蓬勃发展。英国《金融时报》最近证实，中国企业的行动和适应速度令西方同行感到震惊。"在中国，拥有一件成品比一件完美的产品更重要"，《泰晤士报》这样写道。中国正在迅速成为创新领域的全球领头羊。许多西方媒体最近的报道都同意一个观点："是时候复制中国了。"全世界都在热切地注视着中国蓬勃发展的企业以及让它们取得成功的创新。现在,我们必须向中国学生灌输这样一种认知,即像马云一样,率先进入市场与满足市场需求同样重要。创新的关键,往往不是基于创造"完美"的解决方案,而是成为回答问题或解决问题的那个"第一"。

关于"作为创新者,要做第一"的故事很多,其中最引人入胜的是"脸书"和它的创始人马克·扎克伯格的崛起。扎克伯格在纽约市郊外的一个犹太家庭长大。他小时候在学校里表现出色,后来转学到了菲利普斯埃克塞特学院,一所位于新罕布什尔州数一数二的私立预备高中。在早期教育中,扎克伯格在数学、天文学、经典和物理等多门学科中占据绝对优势,并获得大量荣誉和奖项。他对计算机很感兴趣,从小就开始学习编程。据说扎克伯格是在他父亲的家用电脑上工作的,在那里他自学了基础编程。十几岁的时候,他就已经在为朋友们制作软件和电脑游戏了。鉴于他的出色能力,他在18岁时被哈佛大学录取,就不足为奇了。

扎克伯格在哈佛的时间相对短暂。在大学的第二年,他开发了"脸书"的第一个版本,当时的名字叫"The Facebook"。推出"脸书"之后不到一年,在硅谷经过一个夏天的发展后,扎克伯格决定不再回到哈佛。当时他只有二十岁,做出这种决定需要莫大的勇气,以及对自己技能和天分的深信不疑。不知道有多少个夜晚,在大学宿舍里熬夜做编程,扎克伯格知道自己必须是第一个,并且要比其他人领先一步。正是由于有这样的认识,他才能够纵身一跃,跳出哈佛,全身心地去追求"脸书"的发展壮大。虽然最初的想法随着每一次更新而不断演变,并将范围扩展到世界各地的新用户,但正是他对自己最初想法的执着信念以及他对自己必须成为第一的深刻理解,让他的成功变为可能。

扎克伯格的故事不只是一个创新的故事,更是一个勇于追随自己激情和创造力的故事,即使这意味着要离开像哈佛这样的常春藤名校。据《时代》杂志,扎克伯格是世界上最富有和最有影响力的100人之一。2016年12月,他登上了"福布斯"全球十大最有权势人物榜。截至2017年,扎克伯格的净资产估计为718亿美元,也被"福布斯"评为全球第五大富豪。但扎克伯格的成就当然不仅仅是以美元来衡量的。他立誓要"提升人类潜能和促进平等";为此,他和他的妻子、慈善家兼医生普莉希拉·陈(Priscilla Chan)签署了一份"捐赠承诺"——这标志着他们将毕其一生,把他们的大部分财富用于国际公益事业和人道主义活动。

我们举的以上关于犹太人和中国人创新的例子,都是通过"快速"和"领先"策略成功地解决了问题,满足了需求。下面我们将从这些历史案例中学到的七种实用的方法,结合我们对当今全球社会的了解,将这些知识转化为课程,带到当代中国人的课堂。这些推荐的活动、练习和技能将有助于培养中国的下一代创新者。这些课程设计得很实用,既可以在学校里完成,也可以在家里进行。

1. **将创新精神注入日常任务**。创新不需要成为一个新的、独立的课程,孩子们的课程表本就已经很满,不需要再增加一门额外、独立的课程。事实上,创新实践发展的最好方式也许正是将创造力融入学生的日常生活。首先,要求你的学生以一种新的方式完成一项日常任务。要求学生们找到一种新的(也许是创新的)方式,来完成他们的功课,穿衣服,甚至打扫房间。最重要的是去不断地要求他们,创新必须日复一日地不断实践。当创造力和创新成为习惯时,就可以实现一种新的"不走寻常路"的思维方式。

2. **区分创新与解决问题的能力**。虽然创新和解决问题经常被交替使用,但这是两个不同的术语,不能混为一谈。解决问题通常是利用现有的知识为一个明确的问题提供答案。而创新是以创造性为基础,设计全新的方法,重塑问题和克服挑战。你必须提供日常生活中的例子来帮助你的学生理解这种差异,哪些属于解决问题,哪些是通过创新达成的解决方案。

3. **父母示范并操练创新行为**。父母要是希望自己的孩子具有创新精神,那么自己必须先成为创新者。从简单的改变用餐方式或鞋子排列顺序,找到一个创新的理由,然后和你的孩子分享。给自己创造新事物的机会,和他们一起探索解决方案。想出新方法,更有成效地完成某些日常任务。面对创新的挑战,永远不要害怕失败,我们必须记住并教会孩子,创新需要做好失败的打算。

4. **深入学习并提出问题。**中国学生接受的训练是随时准备回答任何被问到的问题；但是为了培养创新，我们必须为学生合理分配时间，多让他们主动提出问题，加深他们的学习体验。也许你的学生在学校学到了一些知识，但他们想知道更多，或者有些地方还不太明白。鼓励他(她)提出问题，无拘无束地表达好奇心，你可以培养他(她)对所学知识进行深入地批判性思考的能力。多使用积极的反馈方法，诸如激励图表、物质奖励等，让学生感到提问题和深入学习是一种享受和快乐。

5. **消除对失败的恐惧。**对失败的恐惧是好奇心和创新的头号杀手。至关重要的是，要让学生大胆地去探索和学习，而不用害怕是否问了一个"错误"的问题，或者未能达成一个可行的解决方案。学生越早接受"失败是创新过程中的一个关键部分"，他们就越早适应这个现实，而不是害怕它。鼓励而不是管控学生提出问题和想法，无论他们是否正确或者"完美"，学校和家长在培育创新思想家的道路上就消除了一个关键的障碍。

6. **培养计算思维能力。**计算思维是利用计算机科学的基本概念来解决问题的一种方法。计算机思维在当今世界蓬勃发展，成为学生思考和理解世界的一个必备的基础。这也许是21世纪最关键的技能之一，因为它将使学生能够应对全球社会所面临的日益复杂的挑战。从音乐和艺术到机器人和编程，尽可能多地让你的学生接触计算思维的原理，这样他们就可以更好地找到解决新问题的方法。

7. **点燃激情**。从创新的事例中,我们能学到的最后一课,也可能是最关键的一课,就是激情的重要性。学生们在学习时必须真正地兴奋和好奇。不能让学生们觉得自己就像庞大的教育机器当中的一个"齿轮",或者仅仅是专注于获取新的知识。学生们必须受到启发!他们必须用新链接和新想法来点亮他们大脑中的"中央处理器"。这种学习的兴奋感必须在日常的主题中就能找到。下一次,当你发现学生对正在学习的东西表现出真正的兴趣时,请鼓励他们进一步探索。当他们对自己所做的事情充满激情时,创造更多让他们进行互动的机会。当一个人被激情所驱动时,他的整个身体,包括头脑和心灵,都参与了创新的过程。

在接下来的章节中,我们将继续深入研究那些构建"创新基础"的精确元素。我们将探索和揭开在某些个体身上发现的创新精神的构成要素。这些人的名字被认为是创新的同义词:诺贝尔奖得主、现代科技产业中熟悉的面孔以及那些能够用他们的创造力改变历史进程的人。

# 第三章
# 从生存到成功

正因为死亡在尽头等待我们,我们才必须活得充实精彩。正因为一桩事件似乎缺乏意义,我们才必须赋予其意义。正因为未来躲闪不定,我们才必须将未来创造成形。

——埃利·威塞尔(Elie Wiesel,诺贝尔和平奖得主,纳粹集中营幸存者)

《旧约全书》中有关犹太人的古代历史,对于大多数学生和类似一神教信徒来说,是再熟悉不过了。然而,特别是在那些没有大量犹太人居住的地方,犹太人的现代和当代历史可能并不为人所知。纵观历史,犹太人曾经被迫离开自己的家乡,并因为他们的宗教信仰而受到迫害。人们用"流散"(diaspora)一词来描述居住在以色列境外的犹太人,而以色列则被称为犹太人的家园。犹太人的散居地很多,包括在世界各地的许多犹太人社区。正如上一章所提到的,在中世纪,犹太人被禁止在大城市居住,而且主要定居在城镇的郊区。他们在所居住的大多数基督教国家拥有资产或经营生意。尽管面对诸多的障碍,犹太人还是利用教育和创新来扩大他们所能获得的一切优势,并设法维持和发展他们的社区。流散欧洲的犹太人在这方面做得尤为突出。然而,后来的犹太边缘化和歧视政策,很快就演变成了现代历史上犹太人面临的最严重的生存威胁——在欧洲大规模灭绝犹太人,后来被称为大屠杀。

20世纪30年代初,希特勒和纳粹党在德国的崛起,是德国乃至整个欧洲面临的众多社会和经济问题的结果。纳粹把现代德国雅利安公民的没落和他们在第一次世界大战后所面临的经济困难归因于犹太人在德国乃至整个欧洲社会的成功。纳粹党利用这种种族主义和反犹太主义的宣传,开始建立一个完整的体系,他们想要通过这个体系来清除和灭绝存在于整个欧洲的雅利安帝国内的所有犹太人。

纳粹开始将犹太人从商业、大学和艺术领域里驱除出去。他们让每个犹太人在衣服上佩戴一颗黄色的星星,以此来识别他们。犹太人很快就被迫离开了他们的工作场所、家园和社区,并被送去所谓的贫民窟居住。犹太人被所处的社会和文化驱逐和隔离,尽管他们曾经作为律师、医生、银行家、科学家、工程师、教授、作家、出版商、艺术家和音乐家做出了巨大的贡献。他们无法使用自己的银行账户,所有财产都被移交给纳粹政权。许多犹太家庭试图逃到欧洲邻国,因为这些国家还没有被纳粹接管。其他人则试图逃往美国、加拿大和南美洲。然而,即使像美国这样的移民国家,也对犹太移民规定了严格的配额,拒绝了数十万甚至上百万寻求安全庇护的犹太人。不久,纳粹就开始实施他们所谓的"最终解决方案",在所有纳粹控制的领土上大规模屠杀犹太人。

集中营和劳改营建在东欧的大片土地上,这些土地当时都在纳粹的控制下,在那里发生了蓄谋已久的大规模处决。犹太人被一城接着一城、一镇接着一镇地聚集在一起，然后被迫走向死亡。如果他们能走到集中营，犹太男子、妇女和儿童在抵达的几个小时内就会被毒气有条不紊地杀死。他们从人满为患的火车上被卸下，按年龄和性别被分开，被迫脱去衣服，财产被抢夺，然后被喷射的煤气杀死，最后尸体被立即送往特殊的集体火葬场。其他人则被迫在路边挖掘自己的乱葬坑，数千人站在里面等待被枪杀。根据耶路撒冷希伯来大学塞尔吉奥·德拉·佩戈拉（Sergio Della Pergola）的研究，1939 年时有 950 万犹太人生活在欧洲，到 1945 年第二次世界大战结束时，欧洲的犹太人只剩下 380 万。据历史学家和研究人员估计，约有 600 万欧洲犹太人在大屠杀中遇害。

在回顾和分析这些可怕的历史事件时，我们必须问一个问题：犹太人如何在失去三分之二的人口之后，还能取得这样的成功？大屠杀对犹太人产生了什么影响，导致如此多的幸存者去追寻发明、创造和创新的方法？这些问题对于我们研究犹太人及其成功史有着重要的作用。虽然今天的犹太人不再面临同样的威胁，但这些黑暗时代孕育的生存精神在之后的几十年和几代人里依然生生不息。复原力、动力和争取成功的斗争不仅来自每个人的目标，还来自对所有大屠杀死难者的集体记忆。这是 20 世纪后半叶犹太人经验的核心部分。

从 20 世纪 30 年代初纳粹党的崛起到 1945 年第二次世界大战的结束，许多具有欧洲背景的著名犹太人逃亡成为难民。在这些犹太人当中,最有名的非爱因斯坦莫属。可以说,爱因斯坦是当时最伟大的数学家和物理学家,他本来可能很轻易地就在大屠杀中死去。值得庆幸的是,确实有不少犹太人通过在其他国家避难,设法摆脱了被驱逐和死亡的威胁,并且在日后成为有教养、有成就、有名声的创新者。不用说,大屠杀让幸存下来的欧洲犹太人和生活在其他地方的犹太人时刻保持警醒。然而,失去如此大比例的人口反而加强了犹太人的决心,他们竭尽全力维持其小国生存和发展之道。

我们可以轻易地找到犹太人成功的例子。在第二次世界大战之后,犹太人在形形色色的部门里,作为领导者和创新者获得了普遍的成功。从教育的角度来看,2016年皮尤研究中心关于世界各地宗教和教育的研究发现,在全球范围内,犹太男性和女性平均都受过13.4年的教育,61%的男性和女性都拥有中学以上的学历。在北美,有75%的犹太人受过高等教育,而非犹太人的这一比例为40%。散居海外的犹太人在经济上的成功也同样令人印象深刻。在2016年皮尤研究中心关于美国人口收入差异的报告中,44%的美国犹太人家庭收入超过10万美元,而在整个美国公众中,只有19%的成年人收入超过10万美元。

2011年,理查德·林恩(Richard Lynn)发表了关于美国犹太人最全面的研究之一——《被上帝拣选的子民:对犹太智慧和成就的研究》。这本书使用了一个通过过度描述来量化不同部门犹太人的成就的"成就商"（Achievement Quotient）。成就商指的是个人在教育上的成就与智力商数的比例，是学生努力程度的指标。成就商数越高，表示在教育上的成就越高。犹太人占美国总人口的2%，以下数字有助于证明美国犹太人获得的前所未有的成功：

表3-1 不同职业的犹太人的成就商（1960年）

| 职 业 | 成就商 |
| --- | --- |
| 精神病专家 | 5.8 |
| 数学家 | 3.8 |
| 医 生 | 3.7 |
| 作 家 | 3.4 |
| 律 师 | 3.3 |

同样，林恩的研究指向一项由哈丽特·祖克曼（Harriet Zuckerman）在1969年进行的调查，结果表明，犹太人在大学教员中的比例大约比平均数高出3倍，在精英学院的大学教员中的比例则高出7倍。正如我们在前言中所指出的，犹太人在诺贝尔奖获得者中的比例很高。截至2011年，已有200名美国人获得诺贝尔奖，其中62人（占比31%）是犹太人。犹太人这种突出表现同样延伸到表演艺术领域：在全美处于领先地位的音乐团体和管弦乐队中，犹太裔的音乐家、指挥家和作曲家占有相当高的比例。

这些数字进一步佐证了在以色列和散居国外的犹太

人社区中所发现的令人印象深刻的成功和创新历史。在承认犹太人能够努力和创新的历史背景时,这一点尤其正确。为了更好地了解这一成功和创新倾向是如何实现的,我们将把重点转向构成全球犹太社区创新基础的特定的教育方法、文化传统和规范。

# 第四章
# 早期教育的探索

或许教育能做出的最重要的贡献,就是发展学生追求创造性方法的本能和好奇心。

——保罗·伯格(Paul Berg,诺贝尔化学奖得主)

你也许以为因为强制性军役而拥有强大的军队的以色列是个阳刚冷峻的国家，但事实上以色列犹太文化充满温情。尤其是教育，更是以兴趣为导向。现代以色列社会是由一群满怀激情和使命感的先驱们冒着生命危险无私无畏地建立起来的，这个年轻的国家因此得以繁荣昌盛。在贫瘠的土地上建立现代农业体系，教授新移民现代希伯来语。凡事充满热情是以色列人无尽的能量源泉。犹太教无论从文化还是教义的角度分析，都鼓励人们充分表达自己的情绪和情感。跟很多推崇隐藏、压抑情感的文化不同，以色列和全世界各地的犹太社区都鼓励其居民表达自己的情感并跟随自己热爱的人或事，这是具备创新和成功的基础。

以色列被誉为"创业之国"。仅有2.5万平方千米的弹丸之地养育着710万人口。但在2009年之前，以色列一直是美国之外在纳斯达克拥有上市公司最多的国家，共有64家，直到2010年才被中国超越。虽然总数被超越，但它的人均创业数量是全世界最高的,平均每2000名以色列人中就有一人创业。在职场上,以色列人可以全身心地追求和践行自己的想法。这种对事业发自内心的热爱和动力是心甘情愿探索成功之路的基石。与技术和经验相比,以色列的创业者更倾向于跟随内心的热爱而付出。这跟努力至上的文化很不一样。除了以色列创业者的成功,以色列人的兴趣和热爱导向的精神也在诺贝尔奖犹太获得者身上得到了很好的印证。很多获奖人都是多面手,他们拥有强烈的好奇心,并能够运用自己的知识跨学科、跨界地拓展自己的研究领域,直到取得令人瞩目的成就。

也许对于广大的中国教育者、家长和学生来说,最大的启发是追求成功,是需要我们去发展自己内心热爱的事情。无论是学一种新的乐器还是学习一门新的语言,怀着兴趣才有可能彻底改变学习体验,进而熟练地掌握这门技能。虽然热爱和兴趣来自个体本身,但是身边的环境也可以激发热情。家长、老师在其中可以发挥重要的作用。把趣味性和引人入胜的游戏融合到严格的练习中可以激发学生的学习热情。呵护小孩子与生俱来的好奇心比强化传统的学习技能更加重要。规矩和严格的边界会磨灭一个学生早期对一门课程的兴趣。同样,为了某项技能可以达到登峰造极的水平而无休无止地练习,完全不顾及孩子是否有兴趣,往往会让孩子失去继续进步的动力。拿拉小提琴来说,即便一个学生技艺高超,但是如果他拉的时候没有情感投入又毫无激情,是无法打动观众的。当然,凡事要达到出神入化、炉火纯青的地步,依然还是要付出艰苦卓绝的努力的。

为了帮助学生更好地发掘潜能,很多以色列的教育者和家长开始探索新的教育方法。虽然绝大多数以色列的学生都在传统的教室里学习,但在过去二十几年里,以色列开始采用多种多样的综合性的教学法,面向未来培养明天的创新人员。最受欢迎的方法是关注培养年轻学生的创造力和独立思考能力。

第一种是20世纪初由意大利教育家玛丽亚·蒙特梭利(Maria Montessori)倡导的教学法。她被称为20世纪最伟大的教育家之一,以她命名的学校遍及世界110多个国家和地区。她在1907年创立的"儿童之家"招收3—6岁贫民区的儿童,经过蒙特梭利独特的教学法的培养,几年后,这些儿童的心智发生了翻天覆地的变化,从胆小、不自信、捣乱变得聪明、开朗、阳光。她的方法轰动了整个欧洲。这种教学法的核心宗旨是培养自我学习的能力,老师只是学生探索式学习的向导。蒙特梭利学校允许学生根据自己的节奏和可调整的教具进行自发学习。比如说,一个学生在玩拼图游戏,他们自己就能够根据图片的拼合角度判断到底有没有成功,而不需要一个成人在那边指手画脚。蒙特梭利教学法强调老师的责任主要是保证学生参与到活动中。教室里的学生也是混龄的,这样年纪小一点的孩子可以模仿大一点的孩子,而孩子之间也可以互相学习。老师会通过正向引导保持学生的学习热情,但是最终学习的任务都是孩子自己完成的。在今天的以色列,有超过30多家蒙氏混龄教学的学校,从幼儿园一直到小学。以色列蒙特梭利协会的老师们坚信这种教学法加上本土化的以色列方法一定可以培养出下一代伟大的创新者,创造出类似"谷歌""脸书"和"亚马逊"这样的公司。

第二种在以色列越来越受欢迎的方法,即华德福(Waldorf)教学法,一种基于想象学习的教学法。这种方法是"一战"后德国思想家、教育家鲁道夫·史代纳(Rudolf Steiner)创立的。一种教学法的兴起一定是伴随社会巨变应运而生的。"一战"德国战败,经济一败涂地,传统的教育方式无法解决当时的文化困境及应对社会的剧变。时代需要一套能使儿童身、心、灵全面发展的教育方法,来发展每个人的内在潜能。第一所华德福学校于1919年在德国斯图加特创立。鲁道夫的教学法建立在儿童发展理论的基础上,从鼓励动手活动和玩耍开始,进入艺术表达和早教阶段的社交能力的培养,再到中学阶段进行批判性思维和理解的发展。华德福方法遵循学生的个性化发展,不仅仅是学业上的进步,更重要的是教会学生如何思考,而不是思考什么。在学校,学生进行想象力、艺术和户外活动,感受到跟家里一样的支持、鼓励和爱。截至2015年,以色列有超过120家华德福学校,从幼儿园、小学到高中一应俱全。这些学校都倡导综合培养,实现学生的全面发展,包括学生个体的创造力和独立思考能力的提高。

第三种是规模相对较小但同样重要的瑞吉欧方案教学法。这种教学法是在"二战"后由心理学家洛里斯·马拉古兹（Loris Malaguzzi）在意大利小城瑞吉欧（Reggio Emilia）发展起来的。马拉古兹的目标是通过尊重、责任、团体使孩子能够成长为负责任的社会公民，并从中发现自己的优点、长处。孩子是知识的积极构造者，而不是老师的教学对象。瑞吉欧学校的大部分教学是基于项目制学习的。如果一个班级的孩子对昆虫感兴趣，那么课程就会围绕昆虫展开。如果有孩子对烹饪感兴趣，那么会有基于食物的课程。所有的学习都是基于孩子的探索、观察、推测，甚至是质疑和讨论。在瑞吉欧学校，老师是孩子肩并肩的学习伙伴，而不是站在教室前面的权威人物。当然老师会在关键的时刻发问，启发孩子进行更深层次的思考。孩子从小就知道，每个人是独特的主观个体，是一个群体的一部分。瑞吉欧的老师要详实地记录孩子的学习过程。家长和未来的老师可以根据老师的学习记录、照片、录像来评估孩子的进步和成就。这种教学法在以色列也被应用到早教的公立学校体系中。

虽然这些学校在中国也都有，中国家长也可以在不同方法中看到不同的侧重点，但是这几种教学法都尊崇一个原则，那就是鼓励学生的个体发展和自我探索，从中找到自己的兴趣，并激发创新思考。中国教育者和家长们并不需要完全摒弃自己的教学方法，而要取长补短，借鉴一些重要但不被重视的方法。下面是一些供大家参考的建议：

1. **培养自我学习能力**。蒙氏教学法已经证明孩子是完全有能力开展自我学习的,而这种能力在生活的方方面面都受用。这种能力在今天这个技术进步日新月异的现代社会尤其重要,我们需要不断调整和适应各种层出不穷的科学技术。孩子们到学校不再仅仅是为了学习知识,老师也不仅仅是知识的传输者。反之知识随处都有,而摄取和检索知识的能力、结合知识和实践的能力更为重要。无论是大人还是小孩,具备强大的自我学习能力将占有独特的先发优势。

2. **发展内在的"方向盘"**。传统的中国教育强调学生遵从一些特定的和严格的准则,华德福教学法教会孩子寻找独特的方法。学生的自我探索滋生了创新的萌芽。为学生创造机会,让学生开动自己的想象力解决问题,并且鼓励发现和试错,这样一个内在的"方向盘"就会形成。

3. **允许学生自主研究**。美国前一阵子非常有影响力的纪录片《极有可能成功》(*Most Likely to Succeed*)中的特许经营学校"HTH"(High Tech High)的核心教学法就是打破传统学科分类教学的基于项目的学习方法(Project Based Learning)。让学生就某个课题自主研究学习。比如说,老师抛出一个项目——"当癌症来临",学生可以用不同的手法呈现自己对这个问题的思考和研究,如小说、电影、访谈、实验科学等,最后对学习过程进行复盘反思。这不但突破了学科之间的界限,也弥合了学生之间的差别,更把项目内容与真实生活结合起来。这样的方法把未来学习的核心知识(content knowledge)、技能(skill)和动机(will/motivation)都巧妙、有机地调动了起来。这是一种融合了蒙特梭利、华德福和瑞吉欧教育理念的创新型教学法。

无论是哪种具体的方法,无论是在以色列还是在世界其他地方,大家都在积极寻找有效的教学法帮助学生提升创新发明的能力。虽然应试性教育和记忆性教学不会在短期内消失,但是中国的教育者和家长们可以相对开放、积极地接受好的教学法,"他山之石,可以攻玉",最终都是为了更好地养育下一代。

## 第五章
# 犹太逃难者

　　重要的是不要停止质疑。好奇心的存在自有其意义。当人类思考永恒、生命以及真相那令人惊叹的组成时,我们会情不自禁地对它们产生敬畏之心。对人类个体来说,只要他每天仅仅尝试去理解有关这浩大神秘的一小部分,就已足够了。

——阿尔伯特·爱因斯坦

**我的父亲是难民：一个来自作者阿米的故事**

父亲作为一个难民的生平，是我心里一个隐秘的故事。从孩提时代起，这个故事一直并且依然影响着我对于自己和这个世界的看法。我父亲年轻时，恰逢"二战"。还是一个男孩的他当时生活在特兰西瓦尼亚的一个小村庄里。他六岁时第一次听见炮弹在他身边响起。我父亲一手抓着一只枕头，另一手抱着一本祷告书，就这样和我的祖母、叔叔一起开始了逃难的生活。放弃了家中的一切财物，他们跑过村子东面的小桥，跑进了森林里。幸运女神眷顾了他们：德国士兵最后决定只追至那座小桥，这给了我父亲一家一个机会逃脱纳粹的追捕。当他们和其他想方设法过桥的村民一起穿过森林的时候，竟然奇迹般地找到了骑马到达树林另一头的祖父。一家人团聚之后，他们继续一路向东，直至苏联。

在接下来的两年里，我父亲一家不停地搬家逃亡，以躲避纳粹分子。在此期间，由于营养不良和疾病侵扰，我的叔叔和祖父相继过世。我的父亲和祖母在悲痛之余别无选择，只能继续逃难。在我父亲的整个童年里，他都是一个在欧洲大陆上霜冻的森林里穿梭的、没有食物、居所，没有接受任何正式教育的难民。当战争结束后，幸存的人们都会尽力去通过在欧洲和美国的熟人来寻找亲朋的下落。整个寻觅的过程异常艰难：人们只能依靠口头信息甚至是传言来确定亲戚和朋友的状况。当我的父亲和祖母终于回到他们的村庄时，却发现纳粹早已屠村，包括我父亲家族内所有的成员。面对亲朋凋零的故土，我的父亲和祖母决定移民去以色列。希伯来语中有一个特殊的词汇用来描述移民以色列这一行为——"Aliyah"。"Aliyah"从希伯来语词汇"升起"演变而来。

从逃难经历快进几十年后，我来到了这个世界。我是我们家最小的孩子，对父亲的难民生活经历尤其着迷。我的整个童年都沉迷于聆听父亲讲述他那奇迹般的幸存经历和祖母为保护他们生命的英勇行为。从父亲大约十岁起（在大约十年间），所有他熟知的就是躲进森林、寻找食物和做任何能让自己继续生存的事情。在我看来，这些不仅仅只是回忆，这些故事还是我父亲身份的重要认同。他时常告诉我一些让他感到意外的人们的表现，例如本来能够帮助他们却吝啬伸出援手的犹太人，还有同情我父亲一家的处境、并以友善相待的纳粹士兵。我记得父亲说，在树林里遇见了一个受伤的德国士兵，他用自己的钢盔为父亲一家煮了汤,并把自己最后的一些食物分享给了两个他被命令去杀害的犹太人孩子。在说完这个故事之后,父亲又告诉我他遇见的一个犹太男人的故事。当这个犹太男人骑马路过时,我父亲和叔叔向他乞求食物。他不仅没有提供帮助,反而抽打了我的父亲和叔叔。即使这么多年过去了,当我父亲坐在我们位于以色列阿什克伦南部的家中时,他仍然会因为这些令人意外的、对比鲜明的同情与羞辱而感动和疑惑。

在我还是孩子的时候,最震撼我的是像我父亲和祖母那样的难民展现出的超人的生存能力。每当父亲提起我的祖母的时候,他的语气就像是在谈自己最崇拜的英雄。尽管危难重重,我的祖母总是拼尽全力来保护她自己和我父亲。无论是穿越冰天雪地的森林还是为了生存勉强咽下偷来的土豆,我的祖母自始至终都没有放弃。像许多大屠杀幸存者一样,父亲的余生对食物充满了敬畏之心。当他面前放着满满一盘子食物的时候,他就是世界上最开心的人——对他来说,这就是纯粹的快乐。尽管我们几个孩子幸运地成长在一个从来不曾短缺食物的家庭里,父亲被饥饿所填满的童年却一直在他的意识里滞留、徘徊。我最深刻的记忆之一是我父亲总会把几片面包和其他应急用品储存在一起,确保我们随时做好了逃命的准备。因此,我在一个随意丢弃一小片面包就是犯罪的家庭环境中长大。直到今天,我依旧不能直视可以把食物扔进垃圾堆里的行为。这样的场景让我立刻联想到成千上万流散在世界各地、绝望地为自己的下一餐寻找食物的难民们。我沿袭了我父亲的习惯，总会把我们剩余的食物碎屑留在户外供鸟儿们啄食。

终年的饥饿感和频繁的死亡威胁会改变一个人的心理，而这种改变只有逃难者才能够真正体会。然而，大屠杀以及作为犹太人而被多年放逐在外的集体性记忆已经深深植入了犹太人的经历当中。这是我们这个民族基因的一部分，并且理所当然地，也是我的基因的一部分。无论优劣，犹太文化、传统以及我们对于成功的追求是我们千百年来流离失所、沦落为难民的结果。这早已不是我父亲一辈的个人故事了，它已经和我们整个民族的灵魂融为一体了。

难民经历很大的一部分影响在于你需要重新塑造自己。我从犹太历史中了解到的一些伟大的人物——包括爱因斯坦——在到达异国他乡之时除了对成功的渴求之外一无所有。当我父亲到达以色列的时候，他除了没有接受过任何正规教育之外，还对现代希伯来语一窍不通。他唯一知道的希伯来语来自古代的犹太祷告文，然而他并没有就此止步。他废寝忘食地学习任何他能学到的知识。许多年之后的我可以信心满满地告诉大家我父亲对于历史的了解远远超过我认识的任何一所大学的研究生。他脑海深处总有这样的声音："我活下来了，我一定可以做到。无论生活给我带来什么，我都可以化解"——我想这就是曾是难民这种经历所隐含的深层意义。这样的精神状态使得他成为由前以色列总理阿里埃勒·沙龙（Ariel Sharon）领导的传奇军队的一分子。没有什么能打倒我父亲——无论是在战争中失去最亲密的朋友还是在以色列与邻国的交战中两次受伤。当他熬过了他童年所经历的一切之后，生活的磨难似乎再也不能停住他向前的脚步了。

难民这不可否认的强大的、革新的精神与我们作为人类曾经经受的那些可怕的、不可言说的悲剧紧密相连。当世界各地的犹太人过着各自的生活，定居在以色列或者其他逃难的地方时，我们都被这共同的难民岁月连接在一起。犹太人对于白手起家有一种与生俱来的深刻理解。对于我们大多数人来说，这意味着我们别无选择，只能勇往直前，就像我父亲一样。尽管我一直以来都幸运地生活在相对舒适与稳定之中，我却被教导着去相信在未来的某一天，我有可能会因为任何一种理由而在任何时刻成为难民。像我父亲的故事一样，这种信念生长在我的内心深处，迫使我去意识到唯一真正属于我自己的东西只有我努力学到的技能与知识以及对于革新的热情。

作为一个成年人，我仍旧对于世界各地的难民所面临的苦难非常敏感。在听闻儿童难民的故事时，我会尤其心痛——他们是时事的受害者，就像我父亲一样，不得不拼尽全力来继续生存。我们现在面对的在全世界范围内的国际难民危机在我看来就像自己的故事，以至于在某些时刻，我不敢相信，在我们拥有如此充裕的财富和物质的同时,世界上仍有那么多人一无所有。然而,当我想到像我父亲一样的难民们时,我被他们的勇气以及他们积极应对并且克服困难与斗争的努力所激励。他们是真正能够改变世界的人们。

## 犹太难民的思维模式

为了能在未来生存并且强大,我们需要接受一个类似于20世纪犹太难民的思维模式。这种方法不在于强调成为最聪明的人或接受最多的教育,而在于找到一种竞争优势。对于许多犹太难民来说,这处优势就是在科学界进行创新。美国记者兼作家托马斯·弗里德曼(Thomas Friedman)曾解释过这种导向背后的哲学。弗里德曼写道,"20世纪初,大量的犹太移民进入了美国、俄国(即苏联),以及巴勒斯坦。在这些新家园里,大量犹太人开始学习研究科学,因为科学能为犹太人开拓一条凌驾于那些曾经将犹太人排除在权力、财富与社会之外的旧世界规则之上的道路。科学,基于其自身的普适性、公正性和自主精英选择性,尤其吸引这些在新家园里想要获得成功的犹太人。犹太人自身的个性(如聪敏、好学)并不足以诠释他们在科学领域的成就,就像我们希望成为什么样的人(如平等的、包容的、被尊敬的)和我们希望住在什么地方一样(如氛围自由且贤者居高位的社会)"。而这种竞争优势的寻求不仅仅只是犹太难民的特点,实际上,近代在美洲的中国移民也有着类似但不尽相同的生存模式,先后体现在

19世纪50年代的"淘金热"和美国州际铁路的建设中。

在1848年加州"淘金热"的初始阶段至1882年间，约莫有超过三十万中国移民抱着尝试去为自己和家人创造一个更好的未来的心态来到美国。承担着越洋旅程的艰难和工作环境高危的风险，这些移民为了追逐自己的梦想在异国登陆。相对迅速地，他们意识到白人和非亚裔淘金工人们由于贪图若能找到大量金矿便能收为己有的假设利益，更倾向于独自或以小组形式作业。他们同时也发现独自或小组作业的工人们在面临暴力和歧视时相对更脆弱。由此，中国工人注意到自身在数量上的优势，组成了众多数量庞大、组织严密的队伍。在每一个工作队伍里，工人们分摊他们的所得利益。这些工人也能保持自身的安全，因为相对之前威胁他们的淘金小团队来说，中国工人的人数更多。另外，由于他们成群结队地工作，他们总能开采更多的土地，由此获得更多的金矿。因此，即便他们需要和许多人平分所得，也能够充盈自己的个人财富。

当"淘金热"颓然溃败并最终尘埃落定之时，许多矿工开始在州际铁路上工作。由于缺乏相关经验，加之西方人眼中的亚洲人都是弱小不堪的刻板形象所带来的负面作用，许多中国矿工都无法在中央太平洋铁路上工作。然而再一次地，中国移民用他们自己的竞争优势弥补了这一严重的不足。在与白人工人同工不同酬并且被残酷对待的情况下，中国工人并没有沮丧或放弃；相反，他们意识到他们需要在这样的情况下，利用自己得天独厚的优势，就像他们在加州"淘金热"中做的一样。由于他们在高度有组织的队伍里工作,中国工人迅速变成了铁路公司宝贵的人力资源。据记载,中国工人们仅仅在铁路上工作了一天之后,铁路公司便决定尽可能多地雇佣中国工人,其中包括已经在加州落地的中国工人和那些将会由船只从中国本土运送到美国海岸的工人。总体来说,中国工人互相照拂,共同提高集体的财富。作为一个集体,他们一起争取更好的居住条件、更短的工作时长以及更高的薪水报酬,并且取得了共同的胜利。他们用自己的竞争优势一步一步地走向更加富裕的生活,来供养他们远在中国本土的亲朋好友。他们创新性的态度和乐于面对未知挑战的意愿为那些后继者树立了榜样。正是这些工人创造了为后世所瞩目的美国华裔企业家精神。

显而易见,中国人,尤其是那些移民到异国他乡的中国人,总是能够发扬吃苦耐劳、永不放弃的精神并开拓出通向光明未来的道路。这笔来自创新和冒险的遗产可以帮助我们在现代的中国学生身上塑造相同的品格。但是,为了能够达成这个目标,我们必须承认现今中国教育文化面临的限制和问题。当死记硬背还是作为中国教育传统中令人敬仰的特点时,如果不辅以提供让学生进行思辨性思考的机会,那么这些古老的学习传统只能作为一种获得知识的学习方法。到了最后,学生们只能学到知识的皮毛,而且也无法具备以创新方式运用知识的能力。当重复与记忆成为唯一的学习途径时,想象和创新便无立锥之地。在美国,中国留学生和美国华裔学生早已清晰地为我们展现了这一后果:他们建立起了在学业方面勤勤恳恳的标杆,在令人瞩目的学校就读;但是根据研究,这同一批学生中,鲜有能够以成功的创新者和概念生产者的身份来诠释他们的具有学业成就的人。

无论引用犹太人还是中国人的历史,我们可以看到的是面临生死抉择的境地,或在一个新的国度里在存活还是继续两手空空的状态之间徘徊——换言之,不确定性和不稳定性是开拓创新的先导。因为生存的渴望和真实世界的竞争让以色列人知道"innovate or die"(不创新就消亡)的道理。正是在这样的环境下,人们将会被迫去审视自己周遭的环境并去适应它。在犹太人的例子中,历史已经告诉了我们,被迫一次又一次离开故土是如何将"流浪的犹太人"淬炼成天生的创新性思考者的。现在我们必须要发问了:为了能够培养下一个诺贝尔奖得主,我们应该如何效仿难民经历中的一些方面并将其应用于中国的教育系统中?我们该如何改变,从而把学生从信息、考试分数和排名的堆砌中投入一个更加开放的、有吸引力的、促使人思考的学习过程?以下是我们从犹太难民思维中学到的几点核心内容,以及相对的、在我们学生日常生活中可操作的几点:

1. 从不确定中成长。就像犹太难民变成了创新家,中国学生必须学会拥抱不确定性,并愿意去打破旧规则的枷锁。在你的舒适圈外成长——就像难民那样背水一战——强迫你的思维去深入挖掘,去批判性地思考。虽然这是一个需要一生来积淀的过程,家长和教育者可以从简单可行的小挑战开始,比如像不带地图地尝试在一个新环境里定位导向,或者不参考菜谱来做一道新式的菜,亦或者不带钱出门。

2. **找到你自己的竞争优势**。许多犹太裔的诺贝尔奖获得者都曾在他们人生中的某一时刻被迫成为难民;其中最突出的例子是那些曾经被纳粹党和意大利法西斯政府等灾难性的反犹太主义所迫害的犹太人。在面对失去家庭和生计的现实下,这些犹太难民找到了如何利用自身的优势来继续生活,并且在新生活里成功的办法。你的孩子的优势在哪里?现实中有的孩子衣食无忧,却快乐不起来,一场考试就可能把他击垮,一顿批评可能让他自暴自弃。

3. **投资教育,学习新技能**。作为游牧民族般存在的结果是,犹太人迅速意识到唯一值得投资的是自身的教育、读写能力和学习新技能的能力。在不确定他们何时又会被逐出家门、不知道自己的财物何时会被没收的情况下,犹太人在他们自身和后代的思维方面投入了大量的时间和资源。尽管中国家长也一如往昔地重视着孩子的教育,他们却只关注与保证学生学业方面的成就。扪心自问,如果我的学生现在一无所有,那么他/她需要知道些什么?他/她又将如何利用他们学到的知识创造一个属于自己的新生活?这些情况下的技能和相对应的教育形式,就是犹太难民所追求的。

4. **持续性学习和寻找新信息**。学生们可能会认为，在考试中取得满分或者其他优异成绩就意味着他们掌握了一切他们所需要的信息。难民精神的一部分却是质疑已呈现的信息并且寻找新的思考角度。你的学生将如何回应与他所学到的知识相对立的信息？他们将如何回复不同意见或者是批评？我们应该鼓励学生们去提升重审现有知识的意愿，根据他们已学的内容进行调整、适应，并且寻找新的解决方式。如此这般，家长和教育者都可以向学生展现难民们被迫在动荡的、复杂的挑战中回应并采取行动的方式。新的信息的学习和寻找的过程将影响到一个学生获得的是完美的分数还是诺贝尔奖。

# 第六章
# 语言的力量

  我们绝大部分的知识和信仰是别人通过语言传递给我们的。没有语言能力,我们的心智容量跟其他高级动物比起来其实是微不足道的。

—— 阿尔伯特·爱因斯坦

## 语言是通往世界的护照：作者黄兆旦的亲身经历

我的母语是浦江话——仅有 30 万人说的方言。浙江方言十里不同音，所以浦江话一旦走出浦江一带就少有人能听懂，算是一门交流的"秘密武器"吧。全国通用的普通话反倒算是我的第二语言了。广义上来说，方言也算一门语言，那么很多中国人在入学前都会说至少两门语言。我妈妈上学的时候，苏联和中国关系密切，所以中国学校教的是俄语，中国的教育体系很大程度上也模仿了苏联模式。我妈妈很早就意识到了语言的重要性，所以在我们姐妹很小的时候就开始教我们英语。其实她自己也是外行，属于边学边教的风格，而且可能是带着浓重浦江口音的。不管怎样，早期的启蒙在我们心里播下了外语的种子。除了英文，爸爸还找来中文绕口令和唐诗、宋词让我背诵。不曾想这些早年的语言培训，对我们的认知发展也起到了重要作用。

妈妈从单词和简单的词组开始教我们，比如数字、颜色、形状、食物等。小小年纪的我们充满无限可能，就像一张空白的纸，怎么画都是灿烂的景象。当时的我们鹦鹉学舌，依葫芦画瓢，虽然不曾跟外国友人测试语言的准确性，但是我们几个人学得不亦乐乎，也能互相理解。语言起到交流的功能是否就足够了？当我们过了"蹒跚学步"的阶段，妈妈开始教我们简短的英文对话，并且要求我们一边说一边表演，让语言形象化和生活场景化。妈妈凭着自己的号召力，有时候为我们邀请来了"观众"，让我们在大庭广众之下表演英文短剧。"观众"的热烈回应让我们在学习中找到了乐趣。后来学习教育学，我才知道妈妈误打误撞地应用了"刻意练习"的教学法，而观众给了我们"正强化"。通过模仿、练习、反馈、提升的循环完成了学习兴趣的闭环。我是在初中时才开始正式在学校学习英语的。因为早期良好的语言启蒙，我的语文和英语学得相对轻松。初中和高中三年我的习惯就是背英文课文。至今还记得，每天早上妈妈唤我起床后便扔给我一本英文书。我在睡眼惺忪中开始朗读课文。待睡意慢慢散去，我也差不多能背出几段文章了。这种独特的早晨叫醒练习一直保持到今天。而我也总是在上英文课的时候被老师要求示范背诵课文。要说有什么学语言的技巧的话，就是"模仿加背诵"。我把高中厚厚的三本英文书基本上都背得滚瓜烂熟。高考的英文的成绩也是接近满分的。

我跟外国人说的第一个"hi"是在大学二年级才实现

的。不管怎样,我们的童年记忆充满了学习"鸟语"的欢声笑语。没有压力的学习、及时的肯定和反馈,让我们不但对语言充满兴趣,更重要的是培养了我们姐妹三个对于学习本身的好感,认为学习是一件很酷、很好玩的事情。我想也许这就是爸妈从小为我们播下的珍贵的终身学习的种子吧。

而妈妈的以身作则让我们和妈妈的关系是平等的,没有强迫,只有合作。今年72岁的妈妈依然保持了学习英文的习惯。她的生日礼物是我给安排的每周两次的外教英文课。她还会时不时地在K歌达人软件上上传新学的英文歌。在妈妈的世界里我看到了学无止境的美好。

多年以后我读到了黛娜·萨斯钦德(Dana Suskind)的书《父母的语言》,才知道父母的语言是世界上最大的资源。语言不但能教会我们知识,还能连接大脑的神经元回路,从而更好地激发先天潜能。

虽然我从小学习了三个不同的语言(如果方言也算的话),可是过了很多年我才真正领会了通过语言走进另一种文化的乐趣,世界一下子会无限蔓延。语言只是一个敲门砖,一个初步建立有效关系的基础。只有当我完全流利地掌握英语的时候,我才意识到语言文字背后的文化和理解才是建立和加深人与人联系的不二法宝。在美国生活的十年时间里,我见到了很多语言驾驭能力很强,又能在社交场合游刃有余的达人,在他们身上我学到了真正的交流是让坐在你对面的人感觉舒服和被理解,而不仅仅是意思的传递。无论我们的人生目标是什么，我相信语言的力量，是一只无形的却可以帮你托起一片天空的手。

## 犹太人的语言优势

语言理解是我们大脑需要完成的一项非常复杂的任务。也许当我们掌握了两门及以上语言的时候，我们的大脑很多神经就连在了一起，能更好地支持我们去了解身边这个无限广大的世界。研究证明，掌握并精通多门语言，还可以提升我们大脑的整体运作能力。有一项研究显示，瑞典军队招收的新兵学了一门新的语言，而大脑的扫描显示大脑负责语言学习的海马组织变大了。另一项研究则显示语言的学习使大脑不同神经元的连结增多。与此相似的是当说英文的人学习汉语词汇六个星期后，大脑核磁共振扫描图像结果显示，不但语言学习者的大脑有更好的跨区域连结，大脑的结构也发生了变化。这些研究都证明语言学习可以促进大脑的成长和变化。进一步的研究多语言能力对非语言技能的影响证明，多语言者的认知能力比单语言习得者更强。除了提升认知能力，语言学习还能提升跨文化理解和对文化差异的敏感觉察。这些能力更有助于拓展一个人的创造和创新力。

绝大多数犹太人，无论他们是在以色列长大还是欧洲移民和南美洲人，一般都是多语种习得者。就像中国人一般都会说一门方言、普通话，并且在学校学习英文。现代以色列人说的是希伯来语，但是祈祷时用的是古希伯来语,起源于阿拉姆语。

虽然现代希伯来语和宗教文本中的希伯来语是通过三个字母的词根联系在一起的,而且这三个字母的词根是几乎所有现代希伯来语词汇的基础,但在许多方面,这是两种截然不同的语言。它们是完全被分开学习的。在某些情况下,形成了区域语言,例如拉提诺语(Ladino),这是由西班牙裔犹太人在中世纪时期发展而来的一种犹太—西班牙语。同样,在欧洲和亚洲散居的犹太人从小就说意第绪语(Yiddish)——一种混合了古德语和古希伯来语的语言。然而,为了与周围的非犹太社区互动,他们也会学习本国的语言,比如俄语、德语或意大利语。在每一个例子中,犹太人都有他们在自己家里或当地村庄里说的语言,还有他们用于祈祷和宗教习俗的另一种语言,以及他们的祖国的第三种语言,这些语言将使他们能够为了贸易、商业和教育的目的与他人交流。无论犹太人在世界各地遇到什么,他们总是能够用他们的一种共同语言进行交流,比如意第绪语、拉提诺语或希伯来语。这意味着大多数犹太人,虽然分散在世界各地,但他们有着团结的特点,以便他们能够交流。这种具有多种语言的历史和文化传统帮助世界各地的犹太人成功地逃离到一个新的国家,成为一个寻求科学合作的难民,而这些特质也帮助他们有朝一日去获得诺贝尔奖。通过努力,习得多种语言,并继续能够有效地沟通,使犹太人自身在我们日益全球化和相互联系的社会中具有创新的优势。

也许关于犹太人如何利用多种语言的优势而实现创新的一个更有趣的故事是,罗斯柴尔德家族和他们的银行帝国。今天罗斯柴尔德的业务影响力从金融、政治、经济到文化,其源头是一位名叫梅耶尔·罗斯柴尔德(Mayer Amschel Rothschild)的犹太人。他在德国法兰克福出生。尽管他后来很成功,但梅耶尔出生时其实并不显贵。他的父亲是一个小商人,通过做一些小买卖和为黑森州的王子交易金币赚点小钱贴补家用。梅耶尔家的房子住了30多个家庭成员,在他爸爸小店的楼上。虽然梅耶尔一生应该致力于犹太学研究,并且应该在德国城市菲尔特开始他的希伯来语的研究,但是12岁的时候他的生活出现了一个意想不到的转折。

他的父母突然去世,梅耶尔不得不离开学校,去汉诺威当雅各布·奥本海默(Jakob Oppenheimer)的学徒。梅耶尔凭借他的聪明才智在国际贸易公司一路飙升。他很快结婚生子,他的妻子生了五个儿子和五个女儿。等到儿子们足够大到去做学徒时,他便开始培养他们,直到在他的有生之年把罗斯柴尔德变成一个家喻户晓的名字,并且他的子孙后代不断把罗斯柴尔德的事业发扬光大。19世纪,梅耶尔·罗斯柴尔德派遣他的儿子们去了当时世界的五个业务中心——法兰克福、那不勒斯、维也纳、巴黎和伦敦。他的愿景是让每个儿子在当地建立以罗斯柴尔德命名的银行,最终形成一个全球银行体系。他们的成功是革命性的,也是举世瞩目的。通过平衡家族在每一个主要金融中心的业务能力,他们能够年复一年、持续不断地扩大和发展业务,并最终成为我们今天知道的罗斯柴尔德银行帝国。

梅耶尔和儿子们是如何从新移民华丽转身成长为新兴城市的金融领袖呢?我们的答案是:语言。梅耶尔·罗斯柴尔德认识到,为了征服银行界,他和儿子们需要在目标城市掌握流利的语言,熟稔当地的文化。罗斯柴尔德的儿子们花费了大量的时间和精力学习这些新语言。这样他们就可以像一个当地人一样在新环境扎根,而不是成为一个陌生人。如果不能用第二和第三语言流利地交流,罗斯柴尔德兄弟是不能有效地拓展国际银行业务的。凭借这个语言优势,他们能够跟每个城市的当地市场密切合作。毫无疑问,这种方法得到了丰厚的回报。罗斯柴尔德银行帝国影响了一个世纪的商业和文化,实力扩展到了大多数欧洲大陆主要城市、英国和美国。在公司网站和宣传册上,罗斯柴尔德家族对自己的创新和成功是这样描述的:"在过去200年的商业史里,很多时候我们能够大胆地拥有自己独具一格的观点和创新方法。这个传统为我们提供了一个坚实的基础和对未来的愿景。"流利的外语是实现罗斯柴尔德蓝图的一个关键因素,奠定了时至今日仍然能够保持投资和商业影响力的帝国的基石。

考虑到我们目前社会的国际性,可以说,我们正步入一个需要用一门全球性语言进行有效沟通的时代。虽然有些人可能认为最自然的方法是扩大现有的、已经被数以百万计人使用的语言,比如英语或者中文。然而,其实早已存在一个额外的、已经被大多数地球人所普遍使用的语言。我们指的是阿米在 TEDx① 演讲中定义的语言:机器人语言(Robotish)。"Robotish"是什么?虽然你可能从没听过这个词,但是你应该已经非常熟悉。如果你会操作电脑,如果你玩游戏或下载应用程序——你已经在用"Robotish""说话"了。尽管世界上几乎每个人都能"说""Robotish",但很少有人真正能读和写这个语言。"Robotish"从本质上说是用于计算机编程的代码。一切都需要计算函数,从中央供暖系统到在线学习项目都是基于"Robotish"的使用。就像创建成功的罗斯柴尔德家族帝国一样,编码和软件必须能够被创建和读取。"Robotish"训练年轻人去跳出固有的思维模式,同时提供即时反馈;这是每个编码人具备的创造力。利用这种固有的"反馈回路","Robotish"可能成为最简单的语言技能,我们只需要投资学习的时间。更重要的是,正如我们已经看到的,在过去的二十年里那些能将这种语言集成到他们的生活和学习中并成为专业人士的人,将引领并塑造我们未来的技术变革。

事实上,编程课从 1996 年开始就是以色列高中的必

---

① TED 是"Technology""Entertainment""Design"(科技、娱乐、设计)的缩写。TED 演讲的特点是观点响亮,看法新颖独特。1984 年首次召开,由里查德·沃曼和哈里·马克思共同创办。每年举办一次,也被称为"超级大脑 SPA"。TEDx 为 TED 于 2009 年推出的衍生项目,旨在鼓励各地组织类似 TED 风格的活动。

修课,以色列也成为全球第一个把编程作为必修课的国家。在以色列已经有"编码幼儿园",编码进入小学课程也正在推进中。以色列最近宣布,将成立全国网络教育中心来培养足够的师资以负责教授计算机语言。以色列高中的计算机编程课包括三个主要元素。首先,必须培养学生掌握流利的计算机语言,以了解如何使用算法思维编写代码。其次,他们必须整体了解计算机和互联网结构。最后,他们必须具有开发、分析现有计算机系统的能力,培养在计算框架系统内的创造性思考能力。这个已经在使用的教学方法在以色列是基于主动学习的环境:学生每周见面两到三次,完成实际的挑战,以确保他们不仅理解"Robotish"作为语言的本质,还能够付诸实践。在以色列,这个国家项目是在教育部和以色列国防军的支持与合作下得以实现的。考虑到技术、创新和解决问题能力在以色列军队中的重大作用和成功,以色列国防军参与这些项目的发展就不足为奇。

　　从教育者、父母到以色列军事领导人,每个人都明白学习"Robotish"的意义。它将不仅会给学生带来一项竞争优势,也可以为他们提供机会来拓展自己的想法。"Robotish"教学生把问题分解成小问题进行解决,而非程序员可能会觉得这种方法有些不能理解。程序员们会自然地用这种分解法来解决问题。他们进行更逻辑性的思考,因此,他们开始通过结构化格式找到创造性的解决方案。学生可以学习这个新的技能以及用它来为自己创造机会。在以色列,孩子可能开始使用"Robotish"来深化他们对现有的学校课程的理解,或通过开发电脑游戏来探索他们的创造力。

在前一章和接下来的章节里,我们试图解释犹太文化中创新的基本概念和原理,对中国学生来说具备实际的应用效用。我们的建议很简单,就是开始学习并熟练掌握"Robotish"。中国学生,尤其是那些寻求竞争优势的人,学习"Robotish"有极大的促进作用。世界正以前所未有的速度综合应用这一新的全球语言。我们很快就会生活在一个计算机平台构建的世界里。优先学习"Robotish"的学生可以保持领先,继而成为引领世界创新的"编程员"。

# 第七章
# 混沌中的创新

> 创新是将变革视为机遇而非威胁的能力。
>
> ——史蒂夫·乔布斯(Steve Jobs)

### 作者阿米小记:在一个混沌的产业中捣蛋

在创业初期,我建立了一家3D电视科技公司,专注于一项突破性的技术研究。当我们逐步扩张公司并且开拓新领域时,我意识到这个产业是非常混乱的。我们知道创造一个视觉体验满意度高的产品可以带来新的客户,但与此同时,影视娱乐行业似乎仅仅满足于使用了七十多年的3D技术。我们不仅知道我们手上有非常优秀的产品,还清楚好莱坞曾被数码媒体技术的改革打乱阵脚,因此我们无法确定电影工作室是否已经做好了心理准备,并且有相应的能力来应用我们突破性的技术,以及他们是否有足够的预算来每年拍一部3D电影。尽管我们对于现有产业标准洞若观火,但是,在假设有可能的前提下,为了与终端客户接轨,要了解我们的科技需要经历何种程序是非常困难的。究竟会有多少大荧幕上的3D电影最终会在用户家中被播放?我们面临的是不可计数的未知因素。

面临这种情况，我脑海里蹦出来的第一句话是"what a balagan!""balagan"一词来源于希伯来语，意味着"混沌"——这也是最适合用来描述我们作为一家公司当时所面临的挑战的词。除了无法预知我们的科技最合适的应用领域之外，我们还发现每一个国家对于3D技术引进都有它们自己的标准。有些国家，比如法国，就非常钟爱3D技术，认为其可以将电影引入一个新的时代；但其他国家，比如像意大利，则由于认为3D技术会带来如眼部感染这样的健康隐患，而采取措施阻碍一切3D技术的发展和应用。在3D技术问题上的意见不统一甚至扩散到了那些对3D技术持有积极心态的国家里。有一些国家偏向于"活跃的3D技术"，而另一些国家则倾向于"被动的3D技术"。总而言之，目前世界上没有一个我们可以用来规划我们公司技术发展的国际性标准。

面对周遭的骚动与混沌，我们明白，如果我们还想追求成功，就必须快速行动。如果我们可以带着一个全能的3D解决方案进入市场，那我们就能在这个产业中拔得头筹。在第一次尝试中，我们使用了6台投影仪来完成一个3D解决方案，但是不久之后我们便意识到这不可能成为我们最终的理想产品，于是我们采用了别的技术。然而就像第一次尝试一样，当我们最初尝试把3D技术作为迎合电影产业的产品推出的时候，我们在早期就发现了并没有一个完整而丰富的3D电影数据库可供我们分析。为了能够促进该产品的供应，我们将自己的经典电影数据库涵盖在内。我们尽可能快速地发展这一新想法,这也是我们改进的方式。每次我们尝试一个新的科技方向或者发现这个产业里新的商机时,我们放在首位的一直是速度。如果我们的尝试成功了,那很好;但如果我们失败了,我们会立刻调转航向,朝新的方向前进。

2016年9月,阿米与创业合伙人赵仑(左一)、田会军合影

在某些方面,作为一个企业家,我这种以高速为节奏、以失败为导向的方式是我在以色列政府机关工作时形成的。我记得我们当时接受的一个特别意外的军事训练是把我们扔到一个完全陌生的地方,然后只是告诉我们"自己去弄清楚"。在你面前有一扇门,你一旦打开它就会进入一个完全无法预料的环境里,里面可能是士兵、敌人、受害者等。你没有时间开始以一个详细的分析或者尝试去理解你的处境。这些意外的军事训练的目的在于强迫你在一个紧急环境中,当你所有的情绪都被放大的时候,去

做出急速的回应。在这样的训练里,你唯一能为胜利所做的事情就是看准一个你认为正确的方向并且迅速行动起来。一旦失败,立刻去寻找新的方向并且再一次全力以赴。最重要的事情是在你成功完成训练之前,绝对不要停下你的脚步。

以上是在那样的军事训练里成功的唯一方法,现在也是我在商业冒险途中所使用的唯一方法。正是在这些看似毫无头绪、杂乱无章的复杂环境里——可以说是一场绝对的"balagan"——你必须要全速前进来达成你的目标。在这个过程中,你是否用一种新的方案、理论或者产品是无关紧要的,重要的在于你必须非常快速地检验这些东西,无论结果如何。这种追求速度的方式正是以色列文化的核心。我们快速地实践,而失败只是我们行进过程中的一小步。与其慢慢地去失败,你不如去提高速度,这样你能给自己创造动力和动机,从而在不可避免的"balagan"之中找到你自己的成功路径。有时候你会在第一次尝试中就发现最好的方法,有时候可能需要在很多次的错误尝试之后你才能最终到达你的目的地。但是只要你永不放弃你的追求,并且尽可能快速地行动和尝试——你会做到别人都无法做到的事情——成为第一个实现这个目标的人!

## 犹太人的"balagan"理论

"balagan"一词在犹太人日常生活中被频繁地用来描述大大小小的场景:从孩子们的房间、日常交通状况到政治紊乱和股票市场的波动。"balagan"的内涵通常来说都不会是积极的；该词经常与教训孩子一些粗鲁夸张的行为联系在一起，但是也不仅仅是带有负面含义，它被认为是生活中不可避免的一部分。犹太人经常用这个词来描述在他们日常生活中造就了他们民族创新特点的文化建设中最核心的一个因素：教育。

以色列人经常把教育系统称作是一个彻头彻尾的"balagan"。这个小小的国家花费了将近1250亿美金在所有不同程度的教育上；2011年，在教育方面国家支出了国民总收入的7.3%。尽管离理想还很遥远，但在以色列，教育被认为是无价之宝，而教师们则得益于强大的财政项目，能够获得足够的薪水。从历史层面来说，全世界的国际领导者都在赞扬以色列的教育系统，因为它培养出了一大批成功的、继续追求优质教育和高学历的学生们。

有一种说法是，当不是来自以色列的父母走进一年级的教室时，他们会被眼前的景象所震惊。从繁忙的学习环境到高频刺耳的噪音，从孩子们用名字称呼自己的老师到学生们不愿意坐在指定的位子上——种种现象都在证明，以色列的教育系统是极度随性的。学生们为了和自己的朋友们谈天说地，常常拽着自己的椅子在教室里到处走。在一间有35到40个六岁儿童的教室里，一位老师总要努力地向学生们解释说明自己的要求或观点。用不了多久整堂课就会变成一场协商会议。临近课间休息的时候，老师会告诉学生他们有15分钟的课外活动时间，但是学生会立刻尝试和老师谈判,为自己争取一个更好的"交易结果"。一个学生可能会说:"我们可不可以休息20分钟?因为我们今天早上表现得非常好。"一旦这场互动结束了,老师会告诉学生们他们只能够从教室里带出去5种玩具。学生们便会立刻在小组内讨论,如何在他们的休息时间内最好地分配这些玩具;讨论结束之后,他们会一起把方案报告给老师。然而老师的决定经常会被一个替代性方案所挑战。以色列的课堂规则是用来被打破的,或者从最低限度来说,是用来被质疑的。

就像你可以想象的一样,伴随着大量的质疑、协商和独立思考,课堂很容易变得人声鼎沸、喧闹不堪。也正因如此,这些一年级的孩子就能在人生的早期就开始了解并熟悉如何处理"balagan"的情况。为了能够协商得到他们想要的结果,他们被推着去创造性地思考,无论是作为个体还是某个小群体中的一分子。老师们通过在快速解决问题的同时不让课堂讨论脱离掌控的方法,接受并且鼓励这种行为。他们不会因为问问题而惩罚孩子们,因为他们理解问问题是学习过程中的一部分。在以色列的课堂里,问问题是内化事实信息、作出科学假设和发展创新能力的一部分。表面上所呈现出来的混乱极有可能是这些年轻学生试图在自己的大脑中建立秩序的重要表现。英巴尔·阿里利(Inbal Arieli),一个成功的连续创业者,为我们精准地描述了"balagan"这一概念是如何促进创新能力和独立自护能力的:"'balagan'与思想和创造的自由是并肩而行的。一如预期,最新关于无序环境对行为所产生的影响的实验已经证明了,当整齐的环境孕育统一的行为时,混乱的环境在刺激一系列新的深度思考的形成。"

当一个中国家长看见在一个游乐场里,孩子们爬上滑梯而不是滑下滑梯,站在秋千上而不是坐在秋千上,或者仅仅是看见孩子们朝下一个冒险靠近的时候,他们脑海中立刻闪现的可能是:怎么这么混乱?我们该做点什么来阻止?然而,当像阿里利这样的以色列创业者看到同样的场景时或许会想:太棒了!这正是能够教给孩子们真实社会秩序的机会!以色列的家长们在孩子们玩耍的时候几乎不会进行任何干涉;他们任凭社会实践的发生,只要没有人会陷入危急的人身伤害当中。"balagan"告诉孩子们,在做事情时,不存在一种"正确"的方法或者应该的秩序。这样没有规定的玩耍模式本身对孩子就是一种社交能力和智力的双重挑战;而从发展创新性思考者和冒险家的思维模式的层面来说,这种模式也是举足轻重的。阿里利还说:"'balagan'会带来冲突与困境,但它同时也要求(人们)给出针对当下特殊情况和人物的解决方式。这与依赖于一个能适用于所有情境的万能解决方式是相对立的。因此,无序运作的形式实际上是在创造秩序。"因为这种观念在以色列社会中根深蒂固,"balagan"仍然是以色列的成人们日常生活中行为举止的正常现象,就像在教室里和在游乐场里那样。这不仅仅局限于像画家和音乐家那样天生倾向于在无序中生活的人们。"balagan"是一种思考的方式，与所有人都息息相关，无论是律师还是医生，经理还是科学家。通过放弃对秩序的硬性要求，以色列为培育创造力的火苗留出了空间。无论结果是好是坏，秩序的缺位提升了灵感的产出，也成功地为下一个可能性留白。

以色列不仅仅只有文化和教育系统关注到了学校系统的"混沌"带来的益处及其所产生的最终的创造力。在2006年年度点击观看率最高的TED演讲中，肯·罗宾逊(Ken Robinson)爵士曾发问："学校是不是在扼杀创造力？"罗宾逊，一位教育思想方面的领头人，认为创造力"在教育中与读写能力一样重要。我们应该一视同仁、平等对待"。从更为哲学的层面来说，瑞士精神学家和分析心理师卡尔·荣格(Carl Jung)的理论也是众所周知的，"在所有的混沌中蕴藏着宇宙，在所有的无序中潜伏着秩序"。尽管对于混沌最自然的第一反应是用规则去整治，但我们可以通过允许和鼓励一定程度的无序来激发个性与创新。尽管中国传统的许多方面都注重规则和掌控，但中国文化依然也有其对于"balagan"重要性的看法与解读。例如，中国词汇"危机"就被定义为危险与机遇的结合体。换言之，一场危机，或者一种混沌的情况，其天生带有由该种环境所产生的冒险性质(即危险)，以及在给予机会时学生从中可以发现的创造力和革新力(即机遇)。

"balagan"价值在中国文化中的另一种体现是中医治疗身体疾病的方式。中医一般不会将疾病的症状看作是必须被停止的紊乱；相反，中医会在这种紊乱中找到一种方式,将身体引导回其原本健康的状态之中。当西药总是在试图将身体从表面病症中解脱出来的时候,中药却能够理解这种紊乱是身体恢复健康这一过程的重要角色。利用体内能量的循环,中医的治疗方式在说明疾病带来的紊乱不是一种可怕的现象,而是身体在寻求自救或他救发出的"交流"信号。

通过对于"balagan"这一概念的分析,我们能够更清晰地看见以色列与中国课堂的不同之处。我们还能发现以色列儿童面对的混乱无序,以及他们寻找答案和玩耍的过程是可以长远地滋养他们的创新能力的。

通过深入理解混乱,或者说"balagan",在以色列文化创新建设中的作用,我们可以找到一些中国家长和教育者将"balagan"融进学生生活的方式。我们完全理解将接纳无序变成中国教育的一部分不可能是一帆风顺的。但是,对于家长和教育者们来说,最重要的第一步是承认无序、未知在培养创新型思考者中有着重要的作用。做这样的事情并不意味着放弃中国文化中的社会与道德准则,也不是否认追寻秩序在生活中的重要性,我们的目标只是为创造一部分"balagan"留出空间,然后从中获益。以下是我们从"balagan"中学到的几点重要内容,以及中国家长和教育者可实际操作的应用方法。

1. **想想新生儿状态**。我们需要做的就是看着一个新生儿,告诉自己创造与探索是我们基因中的一部分。婴儿们在他们生命中最初的几个月里摸索如何翻身、挥手、爬行和走路。与此同时,他们本能地去实验和尝试,直到他们找到自己的方法。作为孩子,他们每天都从日常用品中鼓捣出新的游戏,常常想象一个神奇的世界并想去探索它。中国父母与祖父母可以把这样的能力还给自己的孩子,并且帮助中国学生保持他们在婴儿时代就有的那种创造、革新的能力。"balagan"和无序环境在早期就开始对创造力产生影响,我们要鼓励孩子们在他们今后的教育以及成人生活中保持这种创造力。中国家长与教育者可以通过鼓励孩子们在以自己的方式寻找答案的时候不必循规蹈矩,从而创造出像"balagan"一样的环境,而不是教育学生问题只有一种答案或者解决方式。这意味着忽略主流认定的"正确"方式,转而专注于找到解决方法的创新过程。这种来自"balagan"的创新性思维就像肌肉一样,是一种必须给予足够的锻炼机会才能精通的技能。通过在童年生活中持续地使用这种技能,中国学生将最终在成人后,还能够借用相同的能力来革新他们周围的世界。

2. **在现有结构中寻找机动性**。尝试容纳一点"balagan"并不意味着我们要放弃所有的秩序和规则。每一个学生自身内在顺从的一个连续时刻表非常重要,这提供给学生结构感和安全感。但是,在这一体系之内,我们应该鼓励家长和老师为学生寻找机会,来进行无边界的探索。比如我们可以把一节以经典理论为依据的钢琴课变成一个学生可以进行自我创作的机会。如果有可能的话,为了能够学习新的事物,不要花费过多的时间在困难的科目上。比如在学数学的间隙读一些诗歌,或是放弃生物课的十分钟来完成一个关于异国文化或语言的小作业。这样的灵活性和新颖的角度不仅仅能打破每天课表的单调性,还能在学生的学习经历中增加冒险的新鲜感。

3. 让"balagan"闪耀到底。无论我们想与不想,这个世界都是一个非常混沌的地方。新的、出人意料的变化发展每时每刻都在发生,它们同时也在提供重要的学习与成长的机会。通过接受"balagan"内在的双向性,中国家长和教育者除了可以把关注点放在教导孩子寻找秩序来维护稳定之外,他们还可以教导孩子去探索面对混沌的价值。中国学生可以从复杂、混乱的境况里找到隐藏的机会来进行创新,而不是通过控制环境来一味地躲避由危险和恐惧带来的负面情绪。通过承认混沌的隐形价值,中国家长和教育者要允许"balagan"慢慢地进入日常生活中。这种行为是在为学生创造崭新的创新性思考的机会,以及培养学生们带着积极心态去看待混沌而不只是害怕与躲避的能力。

4. 追问"为什么"和"如果"。"为什么"和"如果"是两个最重要的、我们可以用来将"balagan"结合进日常生活中的问题。问这些问题并不意味着一个学生拒绝现存的已被证明的事实,而是意味着他们求知若渴,在任何领域都想要精益求精。通过为好奇心留白的方式重新塑造一个科目或者想法能让你的学生开始质疑和询问。就像学习第二种语言一样,我们需要持续的练习才能提高学生问问题的"熟练性",才能让学生在他们学习知识的过程中找到一点"balagan"。随着时间的推移,学生将会获得新的工具和技巧来探索他们在课堂上或者家里学到的想法和概念。通过问"为什么"和"如果",学生们将能够做出新的、跨学科的关联,并且借助这样的知识和创造力来进行革新。

5. **探索解决问题的新方法。**那些明白"balagan"是他们工作过程中的一部分的创新者,经常会尝试用完全新奇的方式来达成他们的目标。他们可能把问题倒过来思考,或者关注问题的周边,或者直接将问题从其背景中抽离出来——创新者愿意做一切能够活跃他们思维的事情来找到最终获得成功的途径。在各种实际尝试中,我们可以最大限度地理解世界上有许多种方法来达成一个目标。学生们应该明确自己的目标,尝试反向思考(从终点到起点),来找出下一步应该做什么,确保学生们时刻检查自己的进度。如果他们的努力没有让他们更靠近自己的目标,要勇于去重新评估。这些练习与解决问题无关,与它们相关的是学生们去尝试新方法的意愿。

# 第八章
# "离经叛道"

实际上,若能够看见一个无可救药的离经叛道的人的偏执被温柔以待,我将会感到莫大的荣幸。

——阿尔伯特·爱因斯坦

### 作者阿米小记:成为工业巨擘

作为一个以色列孩子,我天生就敢作敢为,即"chutzpah"——源于希伯来语表达"胆魄"的词汇,通常与勇气和做出大胆行为联系在一起。在我的有生之年,我的这一部分性格对我助益良多,在 2008 年的时候,它将我的成功推向了一个更高的平台。当时 3D 技术的发展主要着眼于电影行业。当每个人都在积累 3D 电影经验的时候,我从我所建立的公司里发现一种在电视上呈现 3D 电影的新形式。这是一个全新的市场理念。当时我们还是一家非常小的公司,我知道为了取得成功,我需要和某个行业的巨头一起合作。当时电视机市场基本由诸如三星和 LG、松下电器以及其他科技媒体巨头这样的跨国公司所占领。然而我没有退缩。我知道我们的解决方案是最优的,而且我也不害怕挑战"大个子"。我知道我要把握机会让自己发声。我迅速地把我们公司的技术设计成了产品，建造了一个初级模型，用来在一场重要的商业展会上做演示。我们突破性的技术演示立刻吸引了松下电器的注意。当时，松下电器也在朝相同的方向努力，尝试发展可应用于家庭娱乐系统的消费型3D电视技术。不久之后，我们便以松下作为媒体技术巨头的优势和我们作为一个小而新颖的公司的"chutzpah"（即"离经叛道"）为基础，建立了亲密而卓有成效的合作伙伴关系。

我们排除万难来发展我们的解决方案，并且准备将它推向国际创新平台——年度消费者电子产品展览会（即CES）。2009年1月，我们到达了CES的展厅，并向世界证明了3D电视不再仅仅是一种设想。3D电影当年还处于起步阶段，同年后期电影《阿凡达》也才正式上映。当时没有任何一间其他的公司对发展这项家庭娱乐技术表现出了兴趣或者做出了承诺。在我们的技术在CES展示之后，整个行业都见证了3D电视的可能性，而这一意识完全改变了市场的形态。仅仅在一年之内，每一间公司——从根基深厚的产业巨擘到产品联合企业——都开始发展和供应3D产品。在接下来的五年里被淘汰的电视已经全是3D电视了。顾客们发现这些新产品能够为他们提供更完善的家庭娱乐，便蜂拥而至，电视行业得以取得巨大的胜利，但我们没有预料到的是，这种技术会昙花一现。如果当时我们去仔细观察，就会发现只有一小部分的家庭在使用3D电视。撇开最初的成就，从现在回溯整个过程，你可以说我们的技术并没有像我们预期的那样掀起了行业革命。但是，在当时，与松下电器联手是我和我们公司商业与经济方面的极大成就。

除了我们突破性的技术和幸运的商业机遇，我也把我们这一次冒险的成功归因于"chutzpah"。整个旅程就是从我的一个点子——一颗创造力的火花——开始。我仅仅只是连接了我的电脑，做出了一个简短的 3D 电视展示。一旦我的点子和其他在我这个行业的人的点子相互吸引，我们就立刻行动。这个"chutzpah"让我自信满满，相信我在位于特拉维夫那个老旧公寓的客厅里想到的这个点子真的能够改变世界。我的"chutzpah"也驱动我去做之后的事情，使得我忽略了我只是汪洋大海中的一尾小鱼这个事实，转而去和松下电器合作。作为一个小而新的公司的创始人，我当时就是这么孤注一掷，尝试说服世界上最大的科技巨头之一，相信我有能力彻底颠覆并且革新整个电视市场。有时候我也不敢相信我的点子从一个小项目演变成了世界上电视巨头的行业标准。尽管现在没有多少人在家里观看 3D 电视，但我仍把这次冒险看作一次重要的成功。大多数人也许不知道，我们的电子 3D 眼镜是现在大行其道的 VR 和 AR 产业的基石。我们销售数百万副 3D 眼镜的能力、将电子产品小型化的能力以及优化 3D 和双视技术的能力，都是来源于我们在娱乐与教育私人化、普遍化的过程中所作出的努力。

我对我的"chutzpah"尤其自豪。作为一个连续创业者，我把它看作我事业成功背后最重要的力量之一。

"chutzpah"是我能够相信我的冲动、相信我的创造力以及不惜任何代价去启动新项目的原因。没有它,在过去二十年里我不可能接近那些接纳我点子的人和公司。幸运的是,"chutzpah"在我很小的时候就被慢慢培养起来了。自信和胆大是我人格的一部分,因而我不会觉得我必须鼓足勇气才能行动。它将我带到了我现在所处的位置,以后也将会在我未来的冒险中发挥不可估量的作用。

## 犹太人的"离经叛道"

米德拉西姆最古老的故事之一——犹太拉比对《旧约》的智慧阐释——是亚伯拉罕和神像的故事。这个故事教给小孩子重视个人主义,鼓励人们质疑社会规范的态度。故事开始于古代民族,他们信仰代表"天光"(包括月亮、星星和太阳)的神,并用黏土和木头做成神像。其中,巴比伦人对众神的形象有着广泛的共识,他们虔诚地敬拜并服侍这些神像。在巴比伦的乌尔城,有一位技术高超的神像制造者,叫作特拉赫。他靠在市场上贩卖神像为生,也常常把店铺托付给他的长子亚伯拉罕。亚伯拉罕从小便是个叛逆的孩子,他爱钻研,是一个独立的思想者。亚伯拉罕没有遵循他父亲敬拜神像的传统,却质疑是谁创造了天堂和世界。他目睹太阳在白天照耀,晚上又被月光取代。他想知道为何如此强大的日月每日都在相互取代,他开始质疑这两个分离的实体如何能被视作神。相反,他认为人们必须敬拜一个真正创造了这些力量的神。亚伯拉罕决定只信仰一个神,当他和身边的人分享他的观点时,他饱受批评,被认为是粗鲁又叛逆。

有一天,亚伯拉罕受命照看他父亲的店铺,以期他能最终接管他家的生意。一个富有战斗经验的士兵走了进来,要一个神像,并必须像他一样是一位伟大的战士。亚伯拉罕把店里看起来最凶恶的神像给了他,当士兵离开时,他问道:"你确定这个神和我一样凶猛吗?"亚伯拉罕询问了士兵的年纪,士兵回答:"我当兵已经超过三十年了。"亚伯拉罕大笑着说:"我爸上周才雕刻了这个神像,你现在竟然寻求他的保护。"士兵冲出商店,把神像扔在后头。接着,一个女人走进来说:"我的房子连同我的神像都被抢了,我需要一个新的神像。"亚伯拉罕微笑着说:"你的神像连自己都不能保护,你还想要一个新的吗?"那个女人离开了商店。

亚伯拉罕的兄弟们将事情告诉了他们的父亲,他们提议亚伯拉罕应该成为一个祭司,而不是一个售货员。当亚伯拉罕问一个祭司应该做什么的时候,他们说,"祭司站在众神面前,服侍他们,清洗他们,供养他们"。亚伯拉罕同意当一个祭司,他准备了食物和水,将这些献给神像。这些神像仅仅是雕像,他们显然不能收下这些礼物。亚伯拉罕有句形容这一场景的名言:"他们有嘴却不能说,有眼却不能见,有耳却不能听,有手却不能触碰,有脚却不能行走。"(《诗篇》115:5-8)亚伯拉罕拿了一根棍子,将屋内的所有神像都打碎了,只留下了最大的一个。当特拉赫,亚伯拉罕的父亲，赶到时，他问在众神身上发生什么事。亚伯拉罕说他们都为供品而战，最大的一个打碎了其他的神像，独享了食物和水。特拉赫对儿子非常生气，大声地说这不可能。亚伯拉罕却冷静地说："请你让你的耳朵好好听听你在说什么。"

亚伯拉罕被全家和周围的人们认为是叛逆的。在现代希伯来语中，他的行为被称为"chutzpah"。当这个词首次被创造并使用时，含有贬义，在意第绪语（在现代希伯来语出现之前，犹太人在欧洲各地使用的语言）中，意指无礼或厚颜无耻。它通常用来描述一个人的行为超出了可接受的程度。但在希伯来语中，这个词的词根既可以表示褒义，也可以表示贬义，指的是那些做出大胆、勇敢或放肆行为的人。亚伯拉罕成为后世学者眼中的第一个犹太人，在他之前，富饶的新月之地的人民被称为"希伯来人"，但上帝鼓励亚伯拉罕离开家，让他步入外部世界经受挑战并创立了一个新的民族——犹太民族——只信仰一位神明的民族。亚伯拉罕的"chutzpah"是他敢于在他的家人和周围的人中挺身而出的无畏精神。他的"chutzpah"是他向父亲表明他的问题值得探询和回答。据《旧约》和拉比的释义，上帝奖赏亚伯拉罕的精神和勇气，正如《创世记》第12章所写，上帝对亚伯拉罕说："你要离开本地、本族、本家，到我所要指引你的地方去，我必叫你的人民成为伟大的民族。我必赐福给你，让你的名字变得伟大，你也将使别人得福。"当犹太人的孩子被教导这个故事以及背后的教训时，他们开始将一个核心思想内在化：大胆无畏、逆势而行，最重要的是拥有"chutzpah"，可以收获巨大的成就。

在丹·西诺（Dan Senor）和索尔·辛格（Saul Singer）所著的畅销书《民族新兴》中，作者将"chutzpah"阐释为"厚颜无耻、胆大包天——并可推定为傲慢自大"。西诺和辛格还说："在以色列，一个外人能到处看见'chutzpah'：大学里学生和教授交谈，雇员挑战老板，中士质疑将军，职员对政府官员心有所想。"作者解释说，对于以色列人来说，这并不是什么不寻常的事情，这是生活的正常模式。在生活中的某个地方——不论是在家里、在学校还是在军队，以色列人认为自信应是一种常态，缄默会让你落于人后。从古巴比伦王国犹太民族的建立到今日以色列欣欣向荣的创造中心，犹太人将"chutzpah"作为他们信仰、教育及文化的一部分。拥有"chutzpah"的以色列企业家知道他们想要什么，并愿意为之奋斗。他们会尽一切可能去创造新的东西并收获成功。"chutzpah"是那些不断失败却又重新站起、再试一次的人的生活态度。

以色列风投资本家、科技记者吉尔·克布思（Gil Kerbs）描绘了下列场景，概括地说明了拥有犹太"chutzpah"和以色列企业家精神意味着什么："如果一个以色列企业家看到沃伦·巴菲特，他会马上自我介绍，坚信他的公司正是巴菲特所寻找的，即使巴菲特从不投资科技或初创公司——这就是'chutzpah'。"克布思继续说，"如果他听说了一个没有人能解决的医学难题，他会去面对它，坚信他能解决它——即使他在医学领域毫无经验，对生物一无所知——这就是'chutzpah'。正如你所想，'chutzpah'对企业家来说是一个好东西。当你毫不畏惧地去迎接最难的挑战，不顾颜面地去采取任何举措来实现理想——你更有可能获得成功。"

近年来，中国文化和商业领袖对犹太人这方面的性格和以色列的企业家精神有了更多的关注，并试图更好地理解拥有"chutzpah"意味着什么。2009年的新闻标题，被认为是第一个正式公布的"chutzpah"的中文翻译——无所畏惧的胆识。在中文中，"chutzpah"被定义为不顾一切的勇气和洞察力。虽然这一定义是由北京的一个文化集团——邵氏基金会旗下的一本已经停刊的季刊提出的，但将"chutzpah"融入中国商业实践的需求仍未过时。中国经济比以往更需要寻找那些绕过以往重视谦逊、克制而不是热情和初创精神的等级制度的态度。

中国最知名、最成功的公司之一——腾讯，可以被视作一个例子，用来说明在竞争激烈、传媒市场广大的世界中，"chutzpah"如何能带来创新和商业成就。尽管腾讯早已在中国互联网行业中处于领先地位，但在2010年，腾讯才认识到发展移动业务部门的重要性。腾讯并没有努力占领更多市场，而是大胆地决定与自己的产品竞争。利用公司内部一小群工程师的"chutzpah"，他们开始开发一款信息传递应用程序，挑战自己现有的平台——QQ。在三个月的时间里，这个由7个工程师组成的团队提出了所有有价值的问题,使用了所有可用的信息,最终鼓起勇气,尝试做一个比 QQ 更大、更好的东西。其他腾讯团队可能会想,这个小团队能完成什么?毕竟,他们只有很少的员工和有限的资源。然而,在短短三个月内,这个团队推出了将对中国最有影响力的移动 APP——微信的雏形。

然而他们并没有止步于发展他们现有的用户友好的手机信息软件,腾讯依然在不断思考各种可能性,并且持续地深入探索。他们知道为了保证平台的用户量和寿命,他们需要综合一种能让他们的产品独一无二的新技术。这一批被"chutzpah"引领的工程师们最后在语音消息方面找到了出路。微信迅速地进化成了一款允许用户互相给对方发送语音短消息的软件。之后,微信依然在不断地进化,逐渐拥有除了语音和文字消息之外的功能,例如付款、视频电话以及公众号订阅。这种不断升级的传统在今天依然被保留着。微信不断地推出新的特点和功能,让自己成为中国最受欢迎的手机软件之一。从各方面来看,腾讯的成功很大程度上要归功于这几个工程师的"chutzpah":他们一直致力于探索不可能以及迅速且富有创造力的创新。尽管他们并不是唯一的,但能够完全理解"chutzaph"的价值并且将之融合进自己的商业活动里的中国商业领军人物还是凤毛麟角。"chutzpah"的好处可能在企业家的创业生活中有其特别的作用。这样去做出大胆决策的胆魄和意愿能够帮助在所有的项目和行业里的人们。即使是学生,"chutzpah"也能促使每个个体去质疑他们所学到的知识,从而对学科有更加深入的理解。同样,"chutzpah"也是让学生在众多海外学习项目或是国际比赛的申请者中脱颖而出的原因。在申请美国名校时,文书的题目中经常出现"你是否挑战过某种信念""你曾经历过的失败或成功是什么""你有什么创新的方法解决问题"等,类似这样的问题大学问得乐此不疲。根据笔者跟名校招生官的交流,可以清楚地了解到他们希望看到的是敢为天下先的,甚至离经叛道的、敢于挑战传统、经历挫折的精神。在众多的中国申请者中成绩优秀的学生比比皆是,但不拘一格、勇于冒险的学生却凤毛麟角。而往往后者正是招生官"众里寻 TA 千百度"的候选人。我曾有个学生家境优渥,成绩出类拔萃,各方面才艺也是样样精通,但是仅靠这些是无法在一群精英学生中脱颖而出的。他一直有个小愿望,就是从北京骑自行车到深圳,但是又迫于家长的压力而一直没有成行。终于在 11 年级的夏天,他"骑"上了南下的旅程。一路上他用相机和笔记录自己的所见所闻。回来后还成立了"骑行社",并尝试自己组装出又轻便又安全的自行车。经过几次尝试还找到自行车工厂生产自创品牌的自行车。这一系列略带创业家精神的探索和实践都不是提前设计和安排的。他内心的那份愿望才是源起。而作为教育顾问的我们只是鼓励他的这份初心,并一起说服他的父母放手让他去追求属于自己的天空和高度。

因此,我们必须思考中国如何才能在其学生群体中培养"chutzpah",以期他们能够利用这样的大胆精神来改变未来的世界。那么，在中国教育体制下——一个如此强调尊敬老师、导师和长者的环境里，如何让学生们在不认为"chutzpah"是离经叛道的基础上接受这一概念？以下是中国家长和教育者可以开始着手教导"chutzpah"价值的一些方法，从而帮助学生发展自己独特的使用"chutzpah"来达成目标的方式。我们希望通过使用这些工具和训练，"chutzpah"能够有朝一日在中国也能像它在犹太文化和传统中一样被普及。

1. **将"chutzpah"重新定义为坚韧**。若中国文化依旧对拥有"chutzpah"和大胆行事有着负面的评价，中国学生在自我表达和与人交往中就不可能自在地运用他们的"chutzpah"。若将"chutzpah"重新定义为走向成功的坚韧与决心，就会让中国的家长和教育工作者更积极地看待他们的孩子和学生拥有"chutzpah"这一件事，同时也会让这些孩子和学生更为自信地在追梦之路上坚持"chutzpah"。向中国学生展示商业领袖的例子（诸如腾讯工程师运用"chutzpah"），也会让社会更积极地看待"chutzpah"。

2. **勇于质疑**。质疑现状是拥有"chutzpah"的核心。通过在家庭和课堂上营造一个开放和具有吸引力的环境，中国的家长和教育工作者可以激励学生去提问，而不用担心对长辈不敬。这种源于发现新知的渴望的质疑，从本质上来说是尊重长辈的表现，同时也是一个学生好奇天性的表现。这种内在的好奇心正是我们所追寻的、应当在中国学生中培养的品性。"chutzpah"让人更深入地进行研究，这往往能开启创新之路。只要知道质疑是被鼓励的,就能为"chutzpah"的发展创造空间。

3. 找寻具有当代中国特色的"chutzpah"。我们可以想象,以色列版的"chutzpah"在中文语境中会显得有些"无耻",显得学生无所不知、固执且粗鲁。若能找到一种方法,将"chutzpah"的核心原则融入更为温文尔雅的中国人际关系中,学生们就不会对它避之不及,反而会将它视为一种工具。也许这就意味着要找到最适合中国学生的情景,让他们大胆运用"chutzpah"。或者,中国家长和教育工作者可以为孩子们树立运用"chutzpah"的样板,向他们展示,他们也有能力为达到目的而采取大胆行动。这样的话"chutzpah"就能顺利融入中国文化。

4. 运用"chutzpah"去寻找目标、点燃热情。我们环视四周,就会发现大多数领袖和全球的"改变游戏者"都有一些类似于"chutzpah"的特质。这些人对他们的能力充分自信,以至于他们不再认为去做那些他们认为取得成功必须要做的事情是危险或无耻的——即使这意味着需要做出大胆决定、勇敢行动。培养"chutzpah"可以改变人的一生,有一种消除界限、打开新的可能的感觉。它可以激励人们去发掘新的才能、在特定岗位开发目标感。它可以给人们勇气去跟随激情,不论它们是否有利于提高学习成绩或实现职业生涯的目标。中国的家长和教育工作者可以鼓励孩子们以大胆、勇敢的姿态去探索他们最感兴趣的东西,而不是试图事无巨细地安排孩子们的日常生活,以期培育出一个"完人"。在这个过程中,孩子们将学会如何运用"chutzpah"来抵达内心的动力源。这样做的好处直接又长效,拥有"chutzpah"的学生追求的不仅仅是学业上的卓越,他们将自己接受的教育看作是终身教育过程的一部分,在此期间,他们培育自己的习性,推进自己最为关心的事业。最终,学生们可以将"chutzpah"内化,运用这股勇气在学海和商海中提高自身成功的几率。

# 第九章
# 勇于冒险

  20年后,让你感到失望的不会是你做过的事,而会是你没做过的事,所以,请解开绳索,驶离安全的港湾,扬帆起航吧。去探索,去梦想,去发现!

—— 马克·吐温(Mark Twain)

### 跨入未知领域：作者黄兆旦的小故事

在纽约读博士期间，选择待在中国学生的圈子里应该是最让人感觉舒适自在的。来自相同种族、文化、语言背景的人很容易抱团取暖，一起学习，一起吃饭，甚至住在一起。在纽约这样一个汇集天下英豪的多元化城市，很多人选择了最简单、轻松的路径，那就是和"自己人"在一起。"自己人"没什么不好的，只是我们需要偶尔跨出舒适区，扩展社交圈。而对我来说，我只是被一种简单的渴望驱动：我想知道我的能力边界在哪里。如果畏惧在未知领域探索和尝试，那就将永远囿于已知的一方小天地。我知道我必须冒险，不管在专业还是个人领域——跃跃欲试的我立即付诸行动了。

在我读博的第二年，我决定去应征美中关系全国委员会(NCUSCR)①的一个职位。我对自己能否胜任一无所知,但对得到的面试机会十分激动。那一天的情形在后来的很多年里仍然都历历在目。

美中关系全国委员会的办公室坐落在曼哈顿中城的一栋办公楼里。一扇红色的门在冰冷的商务楼里显得很突兀、抢眼。当我摁门铃的时候,我发现门铃上的字是德文而不是中文。一位先生来为我开了门,在等待的过程中我们聊起了天。我问他为什么门铃不是中文而是德文呢?他说他已经在这工作6个月了,居然从来没有注意到这个问题。面试接近到尾声的时候,我被带去见会长。当我推开门的时候,我惊讶地发现会长就是刚才那位为我开门的先生!他说他想和我分享一下他对门铃问题的发现:门铃是德国制造的,没人想到把标签撕掉,所以它一直在那里。

这个关于门铃的交流以独特的方式开启了两个小时的对话。我很好奇他是如何成长为今天的他,为什么从投资银行公司决定来一个清水衙门任职?我穷问不舍,从成长环境、教育背景到工作经验和人生目标。后来我才知道,会长先生说他很少遇到这样一位"反客为主"的面试者,会以如此好奇、善于思考和自信的问题引导对话。通

---

① 美中关系全国委员会(National Committee on U. S. - China Relations ),是一个非盈利组织,于1966年在纽约成立。是最早在美国介绍当代中国,讨论和研究当代中国的机构,主要致力于增进美中两国人民相互了解。自从1972年委员会促成了中国乒乓球队历史性的访美后,开始引导中国和美国各自不同领域的互访,从政府管理、法制、体育、人文艺术、教育到媒体传播。美国前国务卿基辛格博士是该委员会的董事。

**作者(黄兆旦)与美中关系全国委员会会长欧伦斯合影**

过更进一步的交流,我了解到了会长先生传奇的经历。他叫欧伦斯,是个"中国通"。在供职于美中关系全国委员会之前,担任投资银行雷曼兄弟总经理的职位。曾经作为国务院法律顾问团队的一员推动20世纪70年代的中美建交。年轻的时候,凭借足球特长被哈佛大学录取,并相继获得学士学位和法学博士学位。

直到今天,我都不知道我是如何鼓起勇气向一个具有面试"生杀大权"的权威人士提出这么多不着边际的问题。我冒了个险。或者说我没有扼制住自己问问题的冲动,我只是让我真实、恳切的好奇心随着我的问题喷薄而出。虽然最后因为工作签证的问题我没有直接为他的委员会工作,而是在华美协进社担任了中文儿童项目的负责人,由此开启了我在美国的职业生涯,但通过参加委员会组织的各类活动,我得以结识各种各样可爱、优秀的人。这些同事、朋友鼓励我不断冲破桎梏,引领我进入一个充满领袖、冒险家和国际精英的世界。

我跨越舒适区的努力得到了不错的回报。在接下来的几年,通过欧伦斯先生介绍,我有幸认识了前华尔街金融家、中国问题专家米文凯先生,并和他及家人成为忘年交。通过米文凯先生,我有机会与耶鲁大学前校长本诺·施密特(Benno Schimit)、上海纽约大学美方校长杰弗里·雷蒙(Jeffrey Lehman)深入交流关于教育的探索;还能在纽约前市长迈克尔·彭博(Michael Bloomberg)的官邸度过了一个难忘的生日;跟大卫·洛克菲勒先生和他的家人成为朋友,闲庭踱步中我了解到他们伟大的慈善活动,包括100多年前在中国建立了第一个医学院(北京协和医学院前身)。

作者(黄兆旦)与上海纽约大学美方校长、前康奈尔大学副校长杰弗里·雷蒙合影

作者(黄兆旦)在纽约哈佛大学俱乐部与大卫·洛克菲勒(左一)、苏珊·洛克菲勒(左二)、米文凯(右二)、米文凯太太(右一)合影

这些进入未知领域的探索,最终让我从很多精英人士处受益匪浅:在创业家杰夫·博格廷(Jeff Bogatin)身上,我了解一个小小的想法付诸实施就有可能获得收益和成长,从而运营一家成功的创业公司;和IMG前CEO迈克·多兰(Mike Dolan)的对话,让我相信专业学历与日后工作上的成就以及驾驭生活的能力相关甚少;与美国前白宫秘书长基辛格(诺贝尔奖获得者)的交流,让我了解到他对中国的真实想法;好奇心还驱使我和澳大利亚前总理陆克文(Kevin Michael Rubb)聊了聊他的中文,胆大包天地说"你的中文比你的英文发音更容易理解"。

在和著名的哈佛商学院教授约翰·奎尔奇(John

Quelch)的交谈中,我得知教授曾执掌中国最好的商学院之一——中欧商学院。他分享了对具有中国特色的创新的观点,并让我明白"害羞"并不是个褒义词。从罗斯柴尔德资本控股公司CEO瑞克·索佛(Rick Sopher)和迪士尼首席创意官约翰·拉塞特(John Lasseter)身上我学到了,从小找到自己喜爱的事情,并孤注一掷、痴心不改,这样更容易成功:一个从小立志要管钱,最终管起了世界上最大财团的资产;一个着迷动漫,最终加入皮克斯工作室,并成为迪士尼首席创意官。一个人喜爱做的事往往是跟你的天赋相近的。所以不要忽视你的孩子表现出来的对某类事情的喜欢,要去了解这些事情调动的是孩子身上的哪些特质,然后帮助他扬长避短,而不要仅仅关注事情本身。

作者(黄兆旦)与罗斯柴尔德资本控股公司CEO瑞克·索佛合影

我在尝试很多事情的时候，其实并不觉得自己在"冒险"，而仅仅是因为好奇，有兴趣。而我的好奇心根植于小时候爸妈鼓励我们尝试各种各样的兴趣爱好，从跳舞、武术、打乒乓，到演讲、辩论、打牌。虽然我并没有在任何一个领域成为高精尖的人才，但是这些经历让我跟各行各业的人都能聊上几句。而想要试试的愿望带给我很多妙趣横生的时光和体验。比如说，我的乒乓技艺，虽说不上高超，但在一般人面前还是有一定的威慑力的。当我小时候拿着拍子在水泥砌成的乒乓球台上练习的时候，当大姐在我高二生日的时候给我买了乒乓球桌作为礼物的时候，我没有想到将来有一天，我可以在哥伦比亚大学"混进"校队，还可以打败好莱坞大明星、大导演艾伦·艾达（Alan Alda）和知名公关公司艾德曼的CEO理查德·艾德曼（Richard Edalman）。在艾伦·艾达家的客厅打乒乓球的时候，我并不知道眼前这位细脚伶仃的人是谁，更不知道他在好莱坞的江湖地位，只是一门心思地想打赢他。他说他见识中文音调的威力是到中国宣传他的电影《四季》。当时为了拉近跟中国观众的距离，他刻意地临时学了几句中文，包括用中文介绍电影的名字。结果，不幸的是他把"四季"发成了"死鸡"，艾伦讲完开心地大笑起来，颇为自己的"糗事"自豪。在接下来的乒乓球对决中，我轻松秒杀艾伦。他相继派出太太和管家，依然无法扳回一局。艾伦直呼，中国人民"太不友好"，不但拿语调为难大舌头的老外，还发明这么小球的运动让长手长脚的老外们手忙脚乱。他说,"你可是在创纪录地打败一位受人尊敬的好莱坞演员和导演啊"。原来一向自视乒乓球技艺了得的艾伦在电影圈仅仅败给过《阿甘正传》的主演汤姆·汉克斯(Tom Hanks)。他说下次让汤姆为他"报仇雪恨"。殊不知,汤姆·汉克斯是我最喜爱的好莱坞男演员之一,即使被他打败,我也很愿意迎接挑战。

另一次我的好奇天性闪现时,我挖掘出美国著名犯罪辩护律师罗杰·洛温斯坦(Roger Lowenstein)在转行后投身教育,在洛杉矶的贫穷区域开办了一个特许学校,这所学校注重培养学生的社会公益心和正义感,在学校后面的山坡上开辟了有机蔬果园。蔬菜卖到周围的餐厅,学生们每周在园子里劳动,学习生物、化学和物理等跨学科知识。这是典型的跨学科、项目制教学探索(Project Based Learning)。另外,罗杰鼓励自己的儿子勇于试错,在大学期间便开起了校园餐厅,仅30岁出头就拥有了自己的餐馆、酒吧和球队;还有一次难忘的经历是在我博士即将毕业的时候,朋友推荐我跟美国黑石集团的老板苏世民见面,因为他正在为清华苏世民书院招募创始团队。书院的顾问团队可谓实力雄厚,包括英国前首相布莱尔,美国前国务卿赖斯和鲍威尔,法国前总统萨克奇,诺贝尔奖获得者杨振宁,前香港特首董建华,前耶鲁大学校长理查德·莱文(Richard Levin),著名大提琴演奏家马友友,前澳大利亚总理陆克文等。但是最后我并没有加入这个创业团队,因为我当时还没有决定离开美国。朋友戏谑我跟苏世民的1小时价值9万美金的会面,就这样被我浪费了。有时候人生就是这样的不确定。当年并不想回国的我,在3年后回到上海创立了优你教育。所有这些奇妙的经历都源于我的不设边界的好问、好奇,也正是这份真实、淳朴的"无知"好问,让我交到了很多特别的朋友。

我花了数年时间追寻自己的激情,希望在我所能驾驭的范围之外有所建树,同时避免成为一个传统的、习惯于被动交流的中国学生。我知道自己是个不安分的人,我要做个优秀的、跨界的"斜杠青年"。

## 犹太人的冒险家精神

在犹太人的历史中,冒险精神一直是犹太人在无数次被围困的逆境中力挽狂澜的重要品质。犹太人曾对抗波斯人、希腊人和罗马人,誓死为自由而战,犹太人在巨大的风险面前做出抉择的例子不胜枚举——生存还是毁灭?玉碎还是瓦全?答案是毋庸置疑的:殊死一搏,成功成仁。

当你有过生死抉择的经历,那么在学术上进行创新或探索未知领域根本不算什么风险。根据《关于犹太人成就的争论》的作者史蒂文·L.皮斯(Steven L. Pease)的说法,冒险精神和不墨守成规对犹太族群的成功创业起了重要作用。皮斯写道,"2000年来,犹太人面对的威胁帮助他们重塑达尔文式的文化。所以,威胁和灾难倒逼出积极的果实"。

犹太教士本杰明·布莱奇(Benjamin Blech)通过他的著作这样描述犹太教最著名的人物之一阿基瓦教士(Rabbi Akiva)：

> 很久以前，统治以色列的罗马人对犹太人颁布了残酷而野蛮的法律。有一次罗马政府颁布法令禁止犹太人学习《圣经旧约》。尽管如此，犹大的儿子帕普斯却发现阿基瓦教士在公共场所，被学生们围坐着，公然教授和学习《摩西五经》来对抗罗马法律。这显然是死罪。帕普斯被他的冒险行为所震惊，他惊愕地问道："你难道不怕罗马政府？不怕死？"

阿基瓦教士用一个寓言回答他：

> 有一次，一只狐狸在河边散步。他看见鱼儿在水里游来游去，好像是想躲避什么。狐狸非常饿，打着鬼主意要把这肥美的鱼收入囊中。狐狸向鱼喊道："你们在躲什么呀？"鱼说："我们正在躲渔夫的渔网呢！"
>
> 狐狸狡猾地说："你们到陆地上来，不就躲过渔网了吗？"鱼说："如果我们在自己熟悉的家园都躲不过危险，那么在不能呼吸的陆地上会有更多的危险！"

阿基瓦教士继续说道："当我们研习律法都要害怕敌人和风险，那么当我们放弃给我们希望和生命的研究后，我们会更加恐惧。"

从此这两位志同道合的义士冒着生命危险，以犹太人教育的名义结伴穿越一个个村庄和城镇，他们开辟了犹太人研习律法的先河，并引领大家在这条道路上前赴后继。

上面的寓言可以应用于我们生活的许多方面。最重要的是要记住，冒险——即使它可能需要一种信念上的飞跃——也能给那些有足够激情去展望他们愿景的人带来最大的回报。犹太教的教义中经常提到，每一次下降都是为了将来的提升。更简单地说，每一次消极（失败）最终都会带来积极的结果（成功）。

诺贝尔奖得主罗尔德·霍夫曼（Roald Hoffmann）的生平故事给我们提供了另一个犹太人具有冒险和创新本能的例子。

当霍夫曼还是个孩子时，他和他的家人生活在现在的乌克兰。"二战"开始时，他们被赶入纳粹集中营。奇迹般地，霍夫曼的家人通过贿赂狱警，让他的母亲、叔叔们和5岁大的霍夫曼逃离死亡的威胁，而父亲却无法一起逃离。霍夫曼和他的母亲躲到了当地一所学校的阁楼和储藏室里。在那里他们待了18个月，每天都面临着被发现的威险。霍夫曼的母亲为了让小朋友不至于无聊，教他阅读，教他从破旧课本中记地理知识，并一问一答地进行互动来熬过这段艰难的日子。

霍夫曼将这段经历描绘为"密封于爱之茧"。他接着写道，"你可能会认为，简单地被盘问地理问题是一种无聊的日常生活。但是，当你因为害怕死亡而不能外出——学习就变成了一种不同的体验"。

除了获得许多其他国家的和国际的奖项,霍夫曼与福井谦一一起分享了1981年的诺贝尔化学奖。除了在化学领域的工作之外,霍夫曼也是一位著名的剧作家和诗人。在接受《科学美国人》的采访时,他揭示了自己剑走偏锋的研究风格:"我研究化学时,不从重大的任务或重大的问题开始入手,我解决很多实验工作中的小问题……我相信世上万物皆有联系,我知道我会找到这些联系。"正是这种曾经面对死亡威胁、具有冒险精神的人,能够习惯于去伪存真,探究出真正的创新的解决方案。

无论是阿基瓦教士在罗马帝国时代保护研习《旧约圣经》,或是诺贝尔奖得主霍夫曼为躲避纳粹在隐秘的阁楼里学习地理,为个人教育或为家国大义的冒险精神在犹太历史和文化中有着浓重的一笔。

在我们学习犹太人的冒险精神之前,我们必须先更好地了解中国学生成为冒险者和非从众者所面临的障碍和挑战。

中国传统文化中,影响人们进入未知世界的巨大阻力来自他们对于"必须成功"的巨大责任感。自中国实行独生子女政策以来,中国的1个孩子在出生长大的过程中,有多达6个成年人的关爱和照顾。从他们出生的第一天起,他们的教育和他们未来的成功都是中国父母和祖父母的头等大事。

许多家庭会殚精竭虑地为他们的孩子提供最好的教育和学习机会。父母和祖父母认为养育孩子几乎是"第二份工作",竭尽所能地为孩子的教育和考试提供所需的一切。孩子们可能会感到被爱,但他们更担负着巨大的期望和责任,感到整个家庭的骄傲都承载在他们的肩上。由于过分强调学习成绩,缺乏发现、想象和玩耍的空间,中国学生经常沦为学习机器。

他们大部分的时间都不是为自己在选择,"必须做的事"让他们感到窒息,对驾驭自己未来的把握十分脆弱。许多学生甚至没有经历任何风险或走出舒适区,就完成了全部的教育。中国学生经常选择父母为他们选择的道路,以实现家庭的愿望,而不是在他们真正充满热情的领域去寻求机会。因此,许多中国年轻人在进入成年后感到失落,即使是从中国和国外最优秀的大学毕业也难于幸免。

第二个妨碍冒险精神的因素是对失败的恐惧。我们在前几章中提到过这个问题,我们在研究中发现,对失败的恐惧在中国文化中无处不在。最近的案例是中国的创业环境。与硅谷和以色列的快节奏、颠覆性的创新中心相比,中国的高科技公司相对而言非常厌恶风险,而且倾向于谨慎行事。因此,每一个行业都由一些大胆的创新者和冒险者领导,他们成功地将新技术引入市场,随之而来的是众多"模仿者"。他们以成功者为瞻,按图索骥,利用中国巨大的市场分得一杯羹。这些追随者并没有创新,而是提供了一个类似或稍微改进的产品设计或想法。可以想象,当大多数中国企业家都在寻找并复制而不是发现和创造的时候,中国作为创新领导者的潜力是多么有限。

对失败的恐惧在中国的教育体系中同样普遍存在。聚焦于考试分数和竞赛成绩,最初是给大家公平竞争的机会,但事实上不是每个人都能如愿以偿,结果是大多数人未能达到整个家庭为孩子设立的高标准。2018年,哈佛大学在3万多名申请学生中只录取了4.59%。可以做个简单的数学题:中国每年有2400万高中毕业生,所有人都期望在有限的机会中得到深造的机会,当然会有几百万的毕业生铩羽而归。他们步入成年,就得另辟蹊径去寻求成功。

回望历史,我们可以看到,不探索未知则无以成功。伟大的人们被铭记,不是因为他们亦步亦趋,而是因为惊世骇俗。对于中国家长和教育工作者来说,问题是如何在现有的教育体系中培养孩子们的冒险精神并取得成功。下面我们将提供一些重要的建议,以鼓励和提升中国学生的冒险精神:

**1. 在冒险中找到乐趣。**作为一名冒险者,学生们必须能够乐在其中。如果问的任何问题都不会被贬低,他们自然会有安全感。他们会更容易感到好奇心是一种幸福感而不是一种羞耻感。就像本章所举的案例一样,若能看到冒险带来的积极的、令人振奋的结果,他们会认为特立独行是成功之道。而且,更重要的是,如果中国的学生能够享受整个创新过程中无限的可能性和开放性,无论最终是否成功,在以后的道路上,他们会继往开来地发扬冒险精神。

2. **坦然接受失败也是过程的一部分**。从体育到艺术,从科学到人文,没有任何一门学科可以没有决心、没有实践、没有冒险的意愿就能被掌握。学生们可以从他们的偶像身上看到他们也曾跌倒、失误、犯错。每次失败后的冒险带你进入更高的境界,越挫越勇,迂回前进。通过不断扩展自己的关注点,每一次跌倒都会被视为通向未来增益的积累。当学生、老师和家长都能以这样的角度看待失败时,人家会在通往成功的道路上携手并进,不期而遇的障碍无法阻挡你一骑绝尘的步伐。

3. **少想多做**。可能你的学生有冒险的意愿,但不知道下一步如何进行。对家长和教育工作者来说,最重要的是鼓励他们踏出这一步。很多情况下,人们因为害怕失败而拒绝开始,从此保护自己免受失败的痛苦。他们越早参透兴趣和恐惧的关联,就会越早激发出创新的精神。裹足不前只会加剧害怕。最成功和最具有创新精神的人都是一往无前,根本没有时间等待。"飞人"乔丹(Michael Jordan)曾说,"我可以接受失败,但我不能接受自己从未奋斗过"。付诸行动是培养紧迫感和冒险意愿的第一步,用小步子原理,"积跬步而至千里"。

4. **养成积极思考的日常习惯**。全球的科学家花了数年时间研究积极思考的影响。这里有两种方法可以融入学生的日常生活中,从而让他们能够展望未来,并承担实现梦想所必需的风险。首先,让你的学生带着以下问题完成日常观察:今天我冒险了么?还是做了一些新的事情?

我是否已经朝着我未来的探险之旅迈出了一小步？我昨天和今天的行动是否有联系？其次，让你的学生以展望一个理想的明天来结束每一天。通过利用睡眠周期中潜意识的力量，学生可以让积极思考成为他们意识结构的一部分。此外，想象成功可以缓解压力，减少学生们在前进途中对失败的恐惧。

5. **多努力付出一分，即使没有人关注。** 培养未来创新者的思想，渴望成功的驱动力来自改变世界的愿景，而不是对学业失败的恐惧。诺贝尔奖获得者不是在考试中追求完美的分数，而是企图解决世界上的问题。证明你有真正的驱动力，愿意为你的目标去冒险，这是让你在人群中脱颖而出的鲜明旗帜。

学生和家长都必须愿意改变自己的心态，用更积极的激励方式来取代恐惧，奖励好奇心和冒险精神。当学生在很小的时候就开始"多付出一丢丢"，这将成为他们学习过程中必须经历的一部分，他们会对自己的期望日久弥高，而不仅仅是在千军万马过独木桥的时候，例如在名校的申请上。当然在这个过程中，那些对年轻学生的生活影响深远的考试和排名也被纳入了视野中，它们只是在通往更伟大的创新、创造力和成功的道路上必须克服的障碍。

# 第十章
# 兵役、责任与生命

> 使人明智的并非回忆,而是对未来的责任。
>
> —— 萧伯纳(George Bernard Shaw)

### 发现我的内在力量：笔者阿米的一个小故事

我 20 岁出头的时候，似乎是一夜之间，我成了以色列特勤局的安全部门负责人。虽然当时的感觉是毫无准备地被推上这个位置，但实际上，在过去 4 年中，我作为以色列国防军的一员，一直针对这个级别的责任与能力进行着训练。我 18 岁的时候就开始了为期两年的飞行员第一阶段课程。

这是以色列国防军最负盛名、最艰苦、最紧张的培训项目之一。能从成千上万人中入选，我激动万分。众所周知，该项目会继续严格筛选飞行预备队员，最终培养出真正的飞行员。当我开始训练时，我完全体会到此中深义。

在浩瀚的天空中，作为一名飞行员，你要独自一人为一架价值数百万美元的飞机负责。是的，你能接收到从地面传来的指示；是的，你头盔里的接收器引导着步骤，但是当你回顾一天的轨迹，你会发现每一个瞬息之间的抉择、每一个失之毫厘的偏差都会使飞机在空中谬以千里；每一个操纵杆上微乎其微的触动都能使飞机在任何方向上扶摇翻滚。

不幸的是，我的兴奋并未持续太久。几个月的训练之后，我被告知我未被录取继续学习下一阶段的课程。那一刻，我的失望攫住了我，这是我人生中第一次感受到真正的失败。但随着时间的流逝，我知道我注定要做些其他的事情。我开始寻找下一座高峰去征服。

不久，我被调派到坦克部队担任指挥官。我迷上了坦克。它们的原理和功能太引人入胜了！我开始领导一个由四人组成的团队，负责一辆72吨重的坦克。当我逐步了解领导力法则以及团队运作在坦克中的运行，我猛然意识到这个重金属"怪兽"在很多方面与人体有种惊人的相似。我们的团队必须融为一体，完全同步工作，坦克才能正常运转。我为我的战友们的生命负责，同时他们也为我的生命负责。

我们都知道，在团队中，任何薄弱的环节都可能导致死亡。因此我们学会了像一台运转良好的机器一样工作，以保护我们自己和彼此。你看不到要去哪里，任何事情都不可预知。掌握这个运作的经验使我意识到一个非常重要的事情——一个可以塑造我的全部未来的方向——我有强大的领导力。我命中注定要成为一名领导者。

我的感觉是对的。作为一名孤军奋战的飞行员，我失败了，但我蜕变成了一名能用绝对的精准和满怀的自信运筹帷幄的指挥官。

退役之后,作为一个自学成才、在12岁就成为视频游戏程序员的计算机爱好者,我的梦想是在这个领域继续深造并有所建树,然而,现实给了我一个不同的计划。就在我即将离开军职,开始空警的新工作以赚够大学学费时,我的上司问我是否愿意继续留在军队,成为当时以色列总理伊扎克·拉宾(Yitzhak Rabin)的保安部队的成员。

我担任新职务的第一天,是以色列历史上最悲惨、最重要的时刻之一,伊扎克·拉宾总理被暗杀了。特勤局需要重建,所有的军官都在事发后重新调配。在以色列为历史上规模最大的一场追悼会做准备时,我的任务是确保许多飞抵以色列参加葬礼的国家元首的安全。我只有指挥一个4人团队的经验,而这次需要带领的是数千人的庞大团队。一开始我自然有些犹豫,"我有这个资质么?"尽管我充满信心,但那时毕竟才23岁。"我能依靠自己和这个团队吗?"我不知道。

我的职责是确保我的每一个队员都清楚他们的任务并完美地执行下去。我没有时间去思考发生了什么事,以及这个庞大的安全行动的复杂性。我只需要埋头向前,全神贯注于于头的任务。之前磨练出来的所有技能都是我的倚仗。尽管这是个艰巨的挑战,但我坚信我能够成功。

与普罗米修斯不同的是,我肩上的责任并不是消极的东西,也不是能把我压垮的东西。相反,当你专注于付诸行动,迎接挑战,并深信正迈向成功时,沉重的情绪会消散。你的表现就好像是你生来就完全准备好了,即使你从来没有想过你能做到。这就是我的经历带给我的。

即使是在我选择学习什么专业或者什么职业最适合我之前,我就已经知道了我是谁,以及成功需要什么。作为一名年轻的安全特工,服务于以色列前总理西蒙·佩雷斯(Shimon Peres),担任总理内塔尼亚胡(Netanyahu)的安全主管。这些经历永远改变了我看待世界的方式,让我以不同的视角看待生活。我突然变成了一个脚踏实地的人,常常需要在几秒钟内做出可能影响全球历史的关键决定;我学会了用一种新的方式评估我的领导能力以及他人的领导能力。我对风险、动机和责任的含义有了更深刻的理解。最重要的是,我学会了一次又一次地对我周围的现实提出质疑,并且不断寻找这些问题的新答案。

作者(阿米)与以色列前总理西蒙·佩雷斯合影

### 犹太人的失败之道

以色列的犹太人有两个主要的成人仪式。一个是宗教仪式，一个是文化仪式。第一个成人仪式是男孩、女孩长大成人时的"犹太男孩受戒礼"和"犹太女孩成年礼"(13岁)。犹太教认为这些人已经长大成人，可以继承犹太教的传统和责任；另一个更富有文化内涵的仪式是在18岁，当时年轻的以色列人高中毕业，加入以色列国防军或长期的全职志愿者项目，以完成他们的义务兵役或国家服务。虽然一小部分高中毕业生选择参加国家志愿服务项目，但绝大多数以色列人在毕业后的几个月内会穿上戎装，参加基本训练(集训营)。接下来的这两到三年，对以后他们成为谁、拥有怎样的未来影响巨大。即使是在申请大学或担任第一份全职工作之前，年轻的以色列人都肩负着他们生命中最大的责任。之前最让他们纠结的可能是去哪个海滩度周末，不久他们就要被训练如何做严苛的军事决定，这将事关拯救自己和他人的性命。

虽然以色列人从18岁才开始服兵役，但在很多方面，他们整个童年都在学习以色列国防军所需的技能。从5岁开始，以色列的孩子就被赋予自由和独立，这在世界其他地方并不常见。在以色列，校车是最近才增加的交通工具，许多以色列人都记得，为了上学，他们独自乘坐普通的城市公交车。在上学的第一天，父母可能会告诉他们的孩子："你可以在公交车的后面和你的朋友见面，他们知道在哪里下车，怎么去学校。"这种信任和独立的态度有助于增强这些孩子的自信。他们明白，在得到支持的同时，他们也能够自己走出去，做出自己的选择。

这种非正式的准备工作贯穿于整个童年。在中学阶段，学生们在少数成人的陪同下参加全国各地的实地考察。这些旅行包括社交、智力和身体上的挑战；有时在繁忙的城市，有时也在沙漠的火山口进行。许多孩子还是以色列童子军项目的成员。童子军项目的孩子们每周都会参加由学生组织的会议，还会参加为期一周和为期一个月的夏令营。在那里他们会被教导要更加自尊、自立、自强。以色列的青少年在十几岁的年纪就很快意识到，他们要独立为自己的行为负责，为自己的学习负责。他们不断被赋予机会向同龄人证明自己。他们从身边的成人——父母、老师、辅导员那里得到支持，但他们从不被溺爱，不以年纪太小为理由而不独立做决定或追随自己的激情。所有这些年复一年的历练都为年轻的以色列人未来的服兵役作好铺垫。

在16岁时，以色列人将开始接受以色列国防军的检查和测试，开始为每个人确定最适合的军事任务。许多人甚至选择参加课外的严格的体育锻炼，只是为了准备在国防军中更积极地工作。当他们最终高中毕业，完成所有的考试和筛选的时候，他们已经准备好做士兵了。父母、家庭和社会，都一致将这些年轻人视为士兵。

国防军作为一个伟大的社会服务机构，可以由来自不同背景、经济水平和学业能力的个人组成。一个由医生和律师家庭的富家子弟组成的团队,可能会由一个经济上捉襟见肘的移民修鞋匠的儿子领导。领导者的权威和地位是受到尊重的,不管你是谁,来自哪里。这也使那些没有经历学业测试的学生能够以另外的方式脱颖而出。在国防军中,他们的品格、勇气和智慧熠熠发光。走出战场,他们也对课堂外的自己有了更深刻的了解。

虽然大多数男性的服役时间约为 3 年,大多数女性的服役时间约为 2 年,但渴望额外训练并被推荐担任高级职位的士兵可能会服役 4 至 5 年。那些参加军官培训学校的人可以选择成为职业军人,并有权在 40 岁时提前退休。对大多数人来说,那正是他们寻求第二个职业的时候,他们可以将自己的技能用于私人领域。对于服兵役后退役的军人,他们是随时听命的后备军。这意味着在 40 岁之前,根据他们在军队中的角色,他们每年会有几周时间的军训。此外,他们时刻准备着在国家危急之时被召集,应对例如战争或自然灾害等紧急情况。

虽然以色列人可能会希望他们能和世界上其他许多年轻人一样,早点开始他们的大学学习,但以色列国防军本身就是一所学校。在以色列,军事服务的核心技能之一就是快速思考。对于世界上的许多国家来说,拥有军队心态通常指的是严格的指挥体系和服从命令的需要。虽然在以色列国防军中这是正确的,但只有在执行有效的军事行动时才需要命令。与其他军队不同的是,在以色列,即使是年轻的士兵和新兵也能非常迅速地分派任务，做出重大的决定，并对自己和你所在团队的其他人负责。因此，以色列士兵能够独立思考，对动态局势迅速作出反应，并对结果负责。

以色列人在军队里学到的另一个重要人生经验就是，对真正的友谊和团结的深刻理解。年轻士兵们在整个服役期间以及往后的几十年里相互忠诚，共同努力。对以色列的许多成年人来说，他们最亲密的友谊是在服兵役期间建立的。这并不奇怪。同样，以色列人也会经历他们人生的各个阶段，而他们在履行兵役时建立的人脉关系成为他们后来追求梦想和实现目标的重要基础。一名在服役期结识的 18 岁的士兵，往往会成为未来的驴友、室友、商业搭档和创新伙伴。

如上所述，国防军还为个人提供了一个重要的非学业、非课堂的机会来探索自己的长处和价值。国防军比任何能力测试或学业成绩更能显示出一个士兵的真实能力和兴趣。年轻人学会了突破自己的极限，打破了自己即真理的执念。有些人证明，他们可以在 8 月的沙漠中负甲奔跑 50 千米；另一些人则懂得，即使万念俱灰，也能在命垂一线的时候力挽狂澜。这些真实的场景引发出巨大的成果，以色列人得以发现自己内心的力量，重估自己的能力。当他们离开军队，继续他们的生活时，这些人就可以利用他们发现的力量去实现自己未来的目标。

年轻的士兵被赋予巨大的责任，但他们被寄予的期望仅仅是"尽力而为"。人们不指望他们的选择总是正确的。相反,大家都知道他们需要指挥官的指导以及滴水石穿的努力来提高自己。以色列国防军对士兵在通往成功的道路上对失败的偏爱的培养,不仅仅是在军事训练方面的一种特别渐进的方式,它可以追溯到《圣经》中所罗门王的形象。在犹太教中被称为智者的所罗门,他写了以下关于失败的故事:聪明人跌倒七次,还能站起来(《箴言》24:16)。这句古老的犹太箴言即使对今天的以色列年轻人来说也照样适用。它关注的是一个人如何对失败做出反应,而不是一开始就承认了失败这个事实。即使失败七次,一个真正的智者仍然会站起来。军队通过鼓励士兵从错误中学习而不是害怕错误,使他们能够克服许多障碍。考虑到失败在创新道路上扮演的关键角色,以色列人比大多数人更有准备应对他们作为创新者可能面临的失败。他们在国防军中度过的时光让他们懂得如何从失败中学习——身体上和精神上——站起来,掸掉尘土,再次尝试。

理解了军方在培育以色列创新中心中的作用,我们现在要问:我们如何将这种独特的以色列经验融入中国年轻学生的生活和中国的学校教育中?

1. **把团队放在第一位**。无论是体育活动还是其他活动,同仇敌忾和团队协作是以色列军队的核心。尽管中国学生在乒乓球、国际象棋之类个人活动上有明显的优势,但中国的家长和教育工作者也应该把团体活动加入进来,让年轻学生们懂得团队协作的价值。例如,鼓励学生参加像足球这样的运动,在集体环境中培养应对身心挑战的社交技能。团队中每一个成员都要对自己负责,但是只有当他们能够作为统一战线一起工作时,团队才能获胜。

2. **树立自信**。以色列人年轻时在军队服役的一个主要目的就是培养他们的信心。自信不仅会影响学生的表现,还会影响他们的经验。有了信心,失败似乎只是通往更好的技能、更好的表现和最终的胜利之路的一个障碍而已。

最优秀的职业运动员知道天赋不是一切,要想赢得比赛,他们必须对自己的能力有一种内在的自信。树立自信,就像学习任何技能一样,是一个长期的过程。通过消除对失败的恐惧,关注学生在学习过程中取得的微小但重要的成就,家长和教育工作者可以帮助培养学生的信心。持续不断地鼓励再试一次而不是惩罚失败的习惯可以改变学生的自我认知。这样做能够运用他们的信心来形象化地设想他们的成功,并最终得以真正实现。

3. **重新定义失败**。曼德拉(Nelson Mandela)曾说:"我从未失败,我不是赢得就是学到。"如果我们能像爱迪生在发明电灯之前,找到999个行不通的方法,失败也许并没有那么不堪忍受。在关于冒险的章节中,我们谈到了接受失败作为过程的一部分的重要性。然而,我们可以从以色列服兵役的文化和传统中学到的是:超越对失败的接受,真正从经验中吸取精华,而不是简单定性为失败。

家长和教育工作者应该努力帮助学生从经验中学习,

而不是试图忽略失败或只专注于惩罚表现不佳的学生。试着以科学实验的方式研究：失败的原因是什么？学生不应该用羞愧和失落的眼光来看待这一场景，而应该以不带批判的眼光来看待这段经历，诚实地问自己：为了找到对的方法，我还能做些什么改变？任何事情，从额外的辅导到改变每天的计划都可以促进未来的成功。父母和教育工作者越开放，就越容易从学生的失败中吸取教训，就越容易帮助学生找到通往阶段性成功的道路。

# 第十一章
# 旅行、学习与命运

我的生活不曾取悦我,所以我创造了自己的生活。

—— 可可·香奈儿(Coco Chanel)

### 冒险之旅：笔者黄兆旦的一个小故事

我的第一次美国之行充满惊险和戏剧性。作为一名外国学生，允许进入美国的最重要的法律文件是 i20 表，这张 3 页表格是通过大量的书面申请材料获得的，用来向美国海关和边境证明，我已被美国哥伦比亚大学录取并记录在案。没有它和签证，我就不能进入美国。可以想象，我从哥大收到这封信的时候，有多激动！我准备好了！到了出发的时候，我向家人和朋友依依惜别，前往机场，登上了飞往美国的航班。我抵达纽约之前会在芝加哥转机。不用说，我的心里充满了各种各样的情绪——兴奋、担忧和一点点闯荡天下的无畏。

在过海关的时候，我居然找不到最重要的 i20 表！随身行李被我翻了个底朝天，i20 依然不见踪影。我独自一人在陌生的国家，失去了证明合法进入美国的依据！更糟糕的是，2003 年"非典"疫情在中国爆发后不久，我就来到了芝加哥，美国海关对来自中国的乘客检查格外严格。当我翻箱倒柜找 i20 时，我意识到除了丢失的 i20 文件之外，我的录取通知书也找不到了。我紧张得浑身发热，满脸通红，估计是被怀疑携带 SARS 病毒，一个黑人警察把我带到一个隔离的房间等待。一个小时过去了，两个小时过去了，三个小时过去了。整整三个小时的背景调查，又是检查体温，又是描述登机前接触过哪些人或物，我被告知要坐下一班飞机回中国。这不是可以接受的结果，我只是粗心病犯了，罪不至于遣返，于是我要求跟他们的负责人交流。13 个小时的飞行和机场辗转反侧的折腾让我筋疲力尽，但我不知哪来的勇气，耐心、清晰地向他们的负责人解释了事件的来龙去脉。我恳请那位官员网开一面，并向他保证，我一到纽约，哥伦比亚大学就可以为我重新签发这份文件。

我以前从来没有离开过中国，也没有太强烈的渴望必须读博士。但那一刻，当我险些被剥夺选择的权利时，我最大的心愿就是被允许进入这个陌生的国家，继续我的探索之旅。在我为自己的案子辩护时，我深深地意识到，如果这位官员决定遵守规则，把我送回中国，我很可能功亏一篑。这是一个漫长的谈判过程——最后这位官员同意给我放行！前提是两周内，让我补齐所有文件并寄到华盛顿特区的办公室，我心中一喜，好不容易躲过一劫。

但这种宽慰并没有持续多久。当我离开海关时，我发现我已经错过了去纽约的联运航班，而我的行李飞去了纽约。午夜过后,我背着两个大包被困在芝加哥奥黑尔机场。我得找电话打给姐姐,告诉她不用在机场等了。另外,我把当老师辛苦挣来的薪水留给了我的父母,只带了几百美元的资产。我向他们保证我会在美国过上体面的生活。而我的救命钱被我塞在了托运行李里。此刻我只能呆坐在那里,一筹莫展。身无分文,又没有合法文件,走在大街上分分钟都可以被当成无业浪人抓起来。

这种无助的感觉很快转变为动力——我得想办法解决问题啊!我在机场转了一圈,想找一个我可以求助的人,最后发现了一个穿制服的人。我走近他,开始解释我的处境。原来他也曾是外国留学生。谢天谢地,他了解我的处境,愿意帮我解决问题。他不仅通过电话联系了我姐姐,还帮我安排好了附近的机场酒店,并且有机场大巴接送。第二天一早我终于在有惊无险后开始了我的纽约求学生活。

当我降落在纽约并前往哥伦比亚大学时,我庆幸自己度过了在美国的第一个"风暴"!从这次意外的经历中,我学会了如何克服不期而遇的障碍。当然,把文件放错地方是个不应该的错误,但每个人都会犯错,真正的考验是你接下来要做什么。决心、勇气和大胆寻求帮助,是我在美国的生存之道,带我到达想去的地方。

在接下来的十年里,我走访了美国很多城市,也游遍了小半个世界,我至今还记得威尼斯流浪歌手的歌声,佛罗伦萨维琪奥桥上的落日,里约热内卢的"粉色"贫民窟,苏黎世远郊农村的马场，柏林街头的涂鸦，孟买拥挤的公共汽车，皇后镇雪山顶的风光，伦敦骤停骤降的暴雨，玻多黎各的小镇风情。相信这些都会成为我在炉火边打盹时的青春回忆。我想留学归来的人应该都有一息尚存就能在世界上任何角落开辟一方新的天地的自信。生活是一段旅程，旅行使我们有可能扩展视野，充实生活。这些国际化的经历也是我愿意花这么多时间来教育和指导中国学生出国留学和终身成长的原因之一。通过用心旅行和学习，我们得以发现自己的长处，找到自己的激情，意识到周围的世界在为充实我们的生命不断创造机会。

就像哈佛目前唯一一位女校长德鲁·福斯特（Drew Faust）所说的，用学习的方式旅行，在于自己的成长。当我们看到的世界大了，才不会拘泥于一些小事，才能更加宽容，才能更加坦荡。

## 旅行——犹太人的必修课

关于旅行和创新这一主题的研究有许多。这些研究的结果一次又一次地表明：旅行增加了不同想法和不同信仰的人们互相联系的机会。旅行的人更开放，更有创造力。旅行就是对自己的投资和对创新能力的培养。在对诺贝尔奖犹太得主的跨领域分析中，我们发现他们之间有一个重要的共同点：他们都离开了家，远赴海外去追求国际化体验。

对于那些自愿选择离开的人来说，他们通常选择在自己专业研究领域的中心完成高中或大学学业。有些人在攻读博士期间去旅行，或以客座教授的身份去讲课；对于那些被迫离开家园的人来说，他们往往是作为难民逃离，发现自己是外国的新移民，被迫探索和学习新环境。这些诺贝尔奖犹太得主无论在什么情况下离开家，都致力于寻找并加入研究机构，使他们能够参与知识、思想和创新方法的分享和发展。

除了大多数欧洲诺贝尔奖犹太获得者的海外之旅，还有成千上万的犹太人从世界各地返回到新的独立的以色列，包括那些躲避战争的人，那些将以色列视为唯一能给予他们宗教自由的人，以及那些在努力建设国家的道路上探险的人。以色列的犹太移民来自世界各地的众多城市，他们把这个年轻的国家变成了一个多元文化的中心。丰富的语言、风俗和文化都争相在这个新社会的结构中找到自己的位置。为了这个国家能够发展，它要求人民的多元文化相互开放和合作，其结果是产生了一个兼容新想法的大熔炉。它成为创新合作的催化剂，也成为高科技产业的诞生地。今天我们都把它叫做"创业之国"（Start-up Nation）。

犹太人国际旅行的传统在以色列文化中仍然根深蒂固。事实上，以色列年轻人在服满兵役后的仪式之一就是在海外度过数月。在以色列社会，这种"军后之旅"既被接受，也被鼓励。许多年轻的以色列人正在从青春期过渡到真正的成年期——他们知道他们的整个职业生涯展现在眼前。据《福布斯》2013年报道,以色列最大的旅行社Issta开展的一项调查显示,每年有3万至4万以色列背包客出国。70%的背包客的年龄在20岁到24岁之间,他们代表了每年75000名以色列国防军中退役人员的三分之一。

当然,对于以色列以外的人来说,这似乎只是一个长假的借口,也许是一次疲惫的军队服役后不错的逃亡。但实际上,这一次出国的意义远不止于此,它也是以色列创新文化基础的一部分。在这些行程中,以色列人能够完全放松自己的身心,为新的体验敞开大门。他们在课外的"生命大学"学习,以促进交流,形成创造力和独立性。

这些年轻的以色列人从安排自己的国际航班和签证到去访问一个不太知名的村庄,无论他们访问哪个国家,都是完全独立的。正如前面提到的福布斯文章所描述的,60%的以色列背包客飞往亚洲(主要是南亚和东南亚),30%飞往南美和中美洲,其余的则飞往澳大利亚、新西兰和非洲。他们平均旅行6个月,而10%的旅行超过一年。以色列人很可能会在世界其他地方发现自己的同胞,他们不会说当地语言,没有任何预先的设定。他们寻找这些异国他乡所能提供的各种探险机会,包括攀登最高峰——测试他们的耐力、快速思维和体能。

这样的旅行之后,他们通常会去安静的海滩小镇,放松自己,在精神上和情感上为下一个维度的生活做好准备。风险、创造力和创新是这些旅行的核心。在不断变化的环境中,以色列游客必须发挥他们的聪明才智,以便与当地人和其他游客建立联系。从食物到住宿,从交通到友谊,以色列背包客明白并接受他们必须承担的风险,愿意探索未知,以真正享受他们周围的世界。此外,由于绝大多数人都是靠打零工挣得的微薄收入或完成军队任务获得的一小笔奖金来旅行,他们必须节衣缩食和足智多谋才能最大限度地获取旅行经验。这包括找到方法推销他们的技能、短期工作,或用他们背包里的任何东西换取住房、食物和交通。

  这些变革性的国际经验往往使以色列人能够找到他们真正的自我——他们的长处、弱点、喜好、厌恶以及介于两者之间的一切。在选择即将到来的大学学业之前,以色列人已经有机会看到这个世界能为他们提供什么,并在这个过程中领悟到他们自己的创造力。当回到以色列开始学习时,他们可以更容易地利用这种创造力来获得灵感和创新。旅行为这些以色列人提供了一个更广阔的视角和一系列的经验,可以将其应用到未来的研究领域,最终在他们自己选择的道路上马到成功。

  虽然以色列人普遍选择在这个年龄探索世界,但在退役旅行后,他们对旅行的热情并没有停止。以色列人已经开发了许多技术平台,使他们能够在许多交易的最后时刻飞到国外一锤定音。特别是在高科技产业,商务出国的人数越来越多。继2013年以色列批准开放天空协议之后,以色列所有社会经济阶层都更容易获得国际旅行服务。

该协议旨在促进往返欧洲的空运。最近的一项统计数据显示,以色列的犹太人口约为640万,仅2016年一年,以色列人出境旅游人数就达到620万。为了激发人们对旅行的热情,世界上许多主要的航空公司每天都有多次往返于以色列和其他地区之间的航班,直接连接欧洲和美国的每个主要城市。随着全球经济的转变以及以色列和亚洲业务机会的增加,国泰航空和海南航空等航空公司也增加了每日直航,将特拉维夫与上海、北京和香港等城市连接起来。在许多方面,技术和空中旅行的选择正在赶上以色列人想要与世界各个角落互动和探索的愿望。

**中国人的留学之旅**

跟以色列人通过旅行找到自己或者释放自我的目的比起来,当代中国人出国旅行更主要的是获得优质的教育和开拓视野。中国的留学历史大致可分为五个时期:清朝晚期的萌芽期、五四时期的蓬勃期、东西方冷战的低谷期、改革开放以来的繁荣期及21世纪低龄留学的鼎盛期。

从1847年容闳跟随传教士到美国学习,最终从耶鲁大学毕业,成为毕业于美国大学的第一位当代中国留学生开始,至今已有170余年的历史。中国人的海外留学热情经历了不同时代的起起伏伏。到了21世纪从外部环境来说算是进入了留学的黄金周期,然而留学的群体和心态跟过去已经不尽相同了。

19世纪中叶留学教育的兴起,是在中西方巨大差距下起步的。当年容闳出国的时候,中国还是闭关锁国的清政府统治时期,国人对于海外世界是茫然无知的。清政府在鸦片战争后被迫签订《南京条约》,割地赔款。彼时一群有识之士开始倡议"睁眼看世界"。魏源在《海国图志》中提出了"师夷长技以制夷",开启了国人走向世界的前奏。不过,留学也只是小规模的个人行为,而不是有组织的政府行为。当1855年容闳学成归国,开始奔走呼吁促成"留学幼童"计划。然而,清政府批准的120个留学名额颇费周章才凑齐。应选者绝大多数都是贫寒家庭的孩子,因为此去留洋,前途不明,"疾病生死,各安天命"。家底殷实的富家子弟是不可能走上这种不明生死之路的,他们更愿意留在国内走"金榜题名"的仕途。终于,在1872年一群拖着长辫子、脚穿布靴的懵懂少年作为第一批官派留学生登上了开往美国的轮船。幼童中有"铁路之父"詹天佑,北洋政府国务总理唐绍仪,清华大学第一任校长唐国安等。当时因为清朝政府对于欧美国家存在偏见,所以学成归国的留学生并没有被委以重任,而是处于边缘位置,郁郁不得志者众多。

20世纪初辛亥革命推翻了清朝政府的统治,人民的思想得到了一定程度的解放,中华大地掀起了出国热潮。那个时期因为对于清朝统治的不满加上文化不自信,国人对他国文化尤其是西洋文化产生了崇敬的心情。相比容闳时期,20世纪初的留学生地位得到了极大的提升。当时的报刊书籍中不乏"他日立中国强固之根基,建中国伟大之事业,以光辉于二十世纪之历史者,必我留学生也"。"五四"以后,留学生的"西学"和"国学"的根基都比以前深厚,也因此涌现了一批学贯中西的大学者。

1949年中华人民共和国成立后,出现了第三次海外求学浪潮。新诞生的中国需要具有先进科学技术的人才。因此,中国政府提供奖学金输送学生到苏联、法国、德国、英国等地去留学。这些学者学成归国,不断壮大了中国的知识阶层。

改革开放时期是20世纪最重视留学教育的时期,也是出国留学地域最广、留学专业门类最全的时期。中国政府采取一系列的措施吸引高端人才回国服务,并提供各种优厚的条件和待遇;并跟尚未归国的人员建立良好的合作关系,进行项目合作。从广义的角度看,留学并不仅仅是学习西方国家先进的技术,也是促进了当地人民对中国文化的理解。

进入21世纪,留学生不断低龄化。如果20世纪90年代和2000年初以出国攻读硕士学位为主,那么从2006年开始,出国读本科的人数大幅度上升。根据教育部的一份报告显示,2017年有80多万中国学生在世界各地学习。这几乎是其他国家的4倍。据《2016年中国留学发展报告》,1978—2015年间,有超过400万名学生出国留学。以美国为例,根据最新的《门户开放》报告,有超过36万中国人在2017—2018年度在美国接受高等教育和实习,占美国高校总国际生人数的33%,其中读本科或专科的有

14.8万人，读研究生的有13万人。中国在鼓励学生寻求国际学习机会方面显然做得不错。通过让中国学生将海外教育作为一种改善本土教育、探索世界其他地方的途径，中国希望这些丰富的国际经验使他们的知识和能力大大增益。

那些渴望为孩子创造未来机会的中国家庭希望能够利用美国的平台让他们的孩子更好地发挥出自己的优势。正如我们在"勇于冒险"一章中提到的，华人学生被普遍认为是极其聪明，通常被描述为成就卓越的人。他们的职业道德和学习意愿使他们在学校和商业岗位上都拥有独特的优势。一些中国家庭认为，去美国等外国国家寻求新的机遇，可以为自己和家人创造更好、更欣欣向荣的生活。

虽然在国际旅行中，旅游占了大部分，但寻求受教育的机会已不再是中国人寻求出国旅行的唯一原因。尽管中国的出境游客仍只占中国总人口的10%，但全球化趋势和世界互联互通的本质似乎也影响了中国的国际旅游市场。根据中国旅游研究院（CTA）和国家旅游局官方旅游研究院（CNTA）2016年的报告，中国出境旅游人数为1.22亿，比2015年的1.17亿有所增加。此外，中国还是泰国、日本、韩国、俄罗斯、马尔代夫和英国最大的出境游客来源国。中国的海外旅游市场表明，那些有旅游能力的人对探索世界其他地方感到兴奋，并在国外创造了巨大的旅游市场。他们也很可能将自己的经历带回中国，鼓励家人和朋友追随他们的脚步。我们相信，这一趋势将继续下去，无论是团队旅行（约占旅客总数的40%）还是个人旅行（约占旅客总数的60%）。

旅行人数的增加可能是由于中国户籍制度的变化。从历史上看，这种制度限制了中国人在国内和国外旅行的能力。户籍制度的核心是一种组织工具，用来管理中国不断增长的大量人口。它作为促进政治稳定和避免风险的一种方式而存在。由于需要规范从农村到城市的农民工数量，户籍已经发展成为一套制度，但该制度某种程度上阻碍了人口流动，也阻碍了出国旅行。不过，自从户籍制度融入中国文化和传统以来，它的规则目前已经得到了极大的改革。现在许多大城市已经为那些能够证明自己有就业机会并且能够在这里居住至少6个月的人敞开了大门。

同样，农村和小城镇的学生对自己的潜力也有了认知上的变化。如果能取得既定的成绩，一个来自中国农村的聪明学生现在有机会申请并就读于一个大城市的名校。虽然农村孩子进入城市学校的障碍仍然是存在的，不过，与前几代人可能被自动拒之门外不同的是，来自农村地区的极具天赋和勤奋的学生现在确实拥有受教育的机会。这类学生越来越普遍地被录取到他们喜欢的学校中，而不用考虑他们的背景。这些微小但重要的变化将继续影响中国的旅行文化，无论是在国内还是国际上。我们希望，今天看到的趋势继续增长，不断鼓励中国人去探索周围的世界。

当我们回顾犹太人和中国人的旅行传统时,我们必须考虑他们引导创新的方式。以以色列为例,世界上所有的国家和文化与个人在创新和颠覆各种产业的能力之间似乎存在着明显的关联。因此,我们必须问:这些重要的旅行经历如何有助于实现以色列人的目标和梦想?对于中国的孩子来说,旅行、体验新的文化到底有多重要?这对他们的成功又有何影响?

同样,当我们考察中国学生出国留学的历史时,我们发现这对学生和中国来说都是双赢的。中国一些非常优秀、非常聪明的人出国留学,回国后成为中国创业经济的领导者。然而,他们在国外的经历往往仅限于受教育,这就引出了一个问题:如何为出国学习提前做准备呢?总的来说,可以从以下几个方面做准备:

出国学习需要准备的几个方面示意图

1. 语言

语言是基础,听、说、读、写样样不能落下。在海外沉浸式学习几年后,只要不是闭门谢客,听说能力迟早会提升。最难的是阅读和写作,这是中学和大学大量作业的普遍考核方式,更是一个长期积累的过程。建议从小培养孩子读书的习惯,因为小时候的阅读体验会勾勒出孩子视野和格局的雏形。而每一次的远行,只是把想象具体化,增添了色彩。母语对第二语言的习得有很深的影响。人还是那个人,无非是换一种符号交流。听说训练可以短时、高频,每天 20 分钟,像吃饭一样变成习惯。

2. 学习习惯

无论在中国还是在海外,成为好学生,都需要具备强大的学习能力和尽力而为的努力,要善于高效归纳与总结,触类旁通尤为重要。21 世纪科技高速发展,竞争精细化,人类需要有高级认知分析能力和社交情感能力,才能不被机器替代。学习的方式也应该与时俱进,仅仅靠储备知识和技能是无法跟上技术迭代的速度,还需要具备快速检索信息和融会贯通的能力。而一个良好习惯的养成,从每天归纳总结、分享讨论开始。

3. 文化胜任

真正实现从边缘到核心的跨越,适应一个国家的生活,不看是否能说一口流利的外语,而要看能否理解别人的思维和文化。在美国生活十年,我依然不觉得自己是真正的双文化的人,虽然经常有人会认为我是从小在美国生活的。文化有浅层次的和深层次的差别、有形和无形的差别。文化融入不是摒弃自己的母语文化,而是能够理解和尊重他人的生活习惯、观点和世界观,并且敏锐地实现因地制宜。文化胜任力的培养从宽容的态度和感恩的心开始。

4. 社交沟通

社交是一种软实力,也是生活智慧,不仅仅是跟朋友吃喝玩乐。一个对生活充满热情的、自信的人,会在与人相处中摄取力量和滋养,会被社会温柔地对待。成为社交达人,可以从三个"学会"开始:学会倾听是社交的基础,尤其是移情式倾听,理解说话人的情绪和用意;学会表达,用诚意和幽默去交流,多用欣赏的语言;学会观察,用你明亮的眼睛给予关注,辨别真心的朋友。而这三个"学会"可以随时随地练习,比如买东西、上学、参加生日派对或者分享会。享受每一次社交吧。

5. 生活能力

不出去看看,家和学校就是你孩子的世界;走出去以后,世界才是孩子的家。能够独立地生活,意味着可以照看好自己的安全、健康、情绪、财务和学业(或工作)。负责任的父母不是一辈子的不离不弃,而是培养孩子从小照看自己、关爱他人的能力,从让孩子打理自己的书包和一日三餐开始。看过世界的人,才能更明白自己想要怎样的生活,而不是被迫花时间去应付你所不想要的生活。

另外,中国家长、教育工作者和学生可以从犹太人的旅行传统中,借鉴到如何通过旅行培养孩子的好奇心和创新力。

1. **身临其境的留学方法。** 哥伦比亚商学院教授亚当·加林斯基(Adam Galinsky)的一项研究表明,在国外生活过的人更有创造力。加林斯基的研究发现,一个人生活过的国家越多——不是作为一名游客,而是作为外国社会和环境的一部分,他们的工作和成就就越有创造力。茱莉亚·齐默尔曼博士(Dr. Julia Zimmermann)和弗朗茨·奈尔博士(Dr. Franz Neyer)进行的平行人格研究发现,通过比较留学海外的德国学生和留在本国的德国学生的人格发展,那些有留学经历的德国学生更开放、更有创造力。不仅如此,那些经历过不同文化的人更有可能拥抱未知,寻求挑战,承担更多的责任,并在高度自觉和信任的行动中独立行动。

虽然很多中国家长、教育工作者和学生可能被各种出国留学的理由"营销"了,但他们仍然倾向于把出国留学的目的放在取得学业成就上。这里有5个基本的习惯,可以让你更身临其境,最终获得更加成功的留学经历。

(1)对未知事物保持好奇,不管是一种新的美食、一种新的音乐还是一个你所在城市里未见过的社区,走出去,拥抱探索的机会。

(2)不要试图靠自己把一切弄清楚!最成功的人都知道需要向别人学习。寻求帮助和问问题也是本事,要感到自在。

(3)获得独立和自信。这意味着知道如何照顾好自己。从如何乘坐地铁到在当地的商店点杯茶,从管理自己的预算到料理家务——你才是自己最可靠的资源。

（4）和有着完全不同背景的人交往。一个认识新朋友和了解所居地文化的好方法就是社区服务。尝试利用你的学生组织获得独特的志愿者机会。

（5）接受一项新的运动，坚持下去。无论你是在一个高阶的团队还是初级联盟，当你挑战生理极限时，你将获得勇气。

2. 追求丰富的、非学业性的海外项目。现在的学生有越来越多的机会因为非学业性项目而出国旅行，这种方式仍将丰富他们的教育经验。从创业竞赛到独特的技能发展项目再到志愿者行动，这个世界充满了让志同道合的学生一起旅行的方式。也许这样的项目可以是一个现有留学项目之前或之后的附加项目；或者，中国学生可以用他们的一种特殊热情，比如演奏乐器、写代码或做运动，参与围绕这一技能的国际学生聚会。虽然这些经历可能需要投入时间、精力和资源，但它们可以为学生提供独特的机会，让他们体验一种新的文化，并参与一个多元文化的个人聚会。就像留学项目一样，这些环境迫使学生走出自己的舒适区，培养一种独立感。

3. 培养创新和激情的旅行。通过国际经验，人们可以打开思维的新途径。当我们面对未知时，我们会变得更自信，更有创造力。作为一名外国人旅行，能让一个人学会如何解决问题，并与周围环境互动。像问路或买水这样简单的任务在旅行中会变成一场冒险。这些新的经历也是培养个人激情和兴趣的好方法。不同年龄、不同文化的作家和思想家们总是认为,他们必须为自己的作品找到灵感,并通过经常旅行去寻找灵感。从追求完美日落的画家到研究外国城市天际线的建筑师,都深受环境的影响。当我们用新的声音、气味、语言、口味、感觉和景象来挑战我们的感官时,激情和好奇心就会茁壮成长。无论是作为一个成年人还是作为一个家庭,中国人都可以把国际旅行作为一个重要计划,不断把新的冒险注入生命中。

4. **与当地人互动**。对许多中国学生来说,适应新的学习、互动和交友方式是很有挑战性的。许多在家里长大的独生子女,如今发现自己要与室友谈判,而处理人际关系的方式与家里也是非常不同的。这些"软技能"非常重要,不应被忽视,特别是在我们这个大规模全球化和国际合作的时代。与来自不同背景和文化的人进行有效沟通的能力可能最终决定你在充满活力的全球市场上的竞争优势。无论是留学还是旅行,中国的父母和教育工作者都必须鼓励孩子完全投入新环境中,并与当地人和其他外国人交流。值得指出的是,犹太人的跨文化经历对他们而言,不仅能够欣赏和维护自己的传统,而且能够更加包容、理解他们周围的各种人、文化和创新思想。

## 第十二章
## 那些诺贝尔奖犹太获得者

一个人的价值,在于他贡献了什么,而不在于他能得到什么。

——阿尔伯特·爱因斯坦

在本书的开篇,我们在介绍创新发明的文化背景的时候,提到了诺贝尔奖犹太获得者的人数。我们现在再来深入了解几位犹太获奖人的生平和经历。通过阅读他们的故事,读者会对犹太式的创新有更深刻的认识。通过学习更多犹太人是如何成为各行各业的创新发明领头人的,我们可以看到本书总结的这几个特点在这几位诺贝尔奖犹太获得者身上得到了最好印证。随着我们仔细研究这些例子,我们会突出跟创新相关的特质和行为,这样中国的家长、教育者和学生可以将之内化成为一些创新者需要具备的品质。

## 爱因斯坦——那个难民

爱因斯坦在物理学领域的杰出贡献为他在 1921 年赢得了诺贝尔物理学奖。他对现代理论物理的影响不容忽视。爱因斯坦于 1879 年出生在德国乌尔姆小镇。虽然他后期声名远播,但他在学校读书的时候并不是一个学业上特别优秀的学生。他第一次申请瑞士的苏黎世联邦理工学院的时候被拒绝了,他不得不在阿劳州立中学上课以提升物理和数学以外的学科,他在描述自己的学习体验的时候写道,"学习和创造的精神在死记硬背的学习中被抹杀了"。经过努力,爱因斯坦终于在17岁的时候通过入学考试,成功就读于苏黎世联邦理工学院。他动荡不安的生活在他毕业以后并没有结束,因为他并没有找到像样的教学职位,而不得不在一个专利办公室打工。爱因斯坦利用晚上的时间研究他的理论。1905年他凭借发表的多篇物理论文一举成名。他之后发表了"相对论",并于1921年获得了诺贝尔奖。

虽然后来爱因斯坦成了一个难民,但他的游牧式生活很早就开始了。因为父亲工作的原因,他被迫跟着"转战"欧洲各国,每到一个国家他都得适应不同的学校和环境。这样动荡的生活过了很多年。在那些年的生活中,他跟很多国际背景的学生和朋友交流,很快学会了很多国家的语言。他当时没有意识到这段"周游列国"的经历为他排除万难以进行创新发明奠定了良好的基础。

虽然爱因斯坦成长在一个非宗教的家庭,他在文化和国家认同感方面都非常坦率地支持犹太人民和他们的努力。事实上,正因为爱因斯坦的广受欢迎和他从始至终对犹太人的支持惹恼了20世纪20年代掌权的纳粹分子。在接下来的二十年里,他的理论被纳粹党公开谴责,他的研究被抛弃并被贴上"犹太物理"的标签。一个纳粹出版物发表了题为"100个反对爱因斯坦的作者"的文章,试图贬低爱因斯坦的研究成果。爱因斯坦的书被焚烧,他的人头被附奖悬赏,他的脸被放在一本杂志做封面,标题是"还没被吊死"。他除了逃离德国,别无选择。虽然世界各地有很多学校邀请他担任教职,他也被授予各种各样的奖项和教授席位,但爱因斯坦在离开德国的时候仍深深地感到无家可归。

他一路辗转,从比利时到英格兰,并在那里向土耳其请求难民身份。一段时间以后,他由于被普林斯顿大学邀请成为其教授而移民到了美国。爱因斯坦一直保持着难民身份,直到20世纪40年代成为美国公民。所有试图回到德国的愿望都在纳粹分子洗劫了他在比利时的家后而破灭。他不得不放弃德国身份。在他被美国批准难民身份后,爱因斯坦开始了20世纪最伟大、也是最危险的发明——核武器。虽然他最后坚决反对使用核武器,但是当时见证了纳粹政权的暴行后,他极力说服美国总统要研发原子弹,因为他实在害怕德国率先创造出这一武器。

除了他了不起的研究,中国学生可以在学习爱因斯坦的生平的过程中受益良多,虽然我们很难具体指出是哪一段经历或者特质使他成为最伟大的发明家和诺贝尔奖获得者,中国学生非常幸运地不需要经历这些生死攸关的磨难,然而他们应该试着了解这些危险如何促使爱因斯坦去做出勇敢而冒险的决定。无论是选择哪个专业还是哪个职业,如果中国学生能够有像爱因斯坦一样的"危机思维",那么做出一些非传统的决定也是有可能的。当他们不知道如何前进,或者说已经遭遇了像年轻的爱因斯坦所承受的那样突如其来的灾难,中国学生就能理解如何在一无所有的情况下重新出发,最终取得成功,从而真正领会在任何时候都有可能失去一切的不安定的情况下,如何重新积聚成功的资本。

## 罗伯特·奥曼(Robert Aumam)——辩论者

罗伯特·奥曼在 2005 年因为在运用博弈论推进人类关于冲突与合作的理解方面的杰出贡献而荣获诺贝尔经济学奖。奥曼的创新精神早在行业内独树一帜。出生在德国法兰克福的奥曼正好经历了纳粹势力的抬头。幸运的是他和家人早早逃亡到了美国。两年后,1938 年 11 月,纳粹分子开始攻击、杀戮犹太人的"碎玻璃之夜"暴行。纳粹党人大面积袭击了犹太人,烧毁了上千家犹太商店、教堂和住宅。很多犹太人被杀害。很多人说"碎玻璃之夜"是犹太人在德国的厄运的开始。如果奥曼没有和家人逃离德国,估计他的命运将是完全不同的。

奥曼的家庭是正统犹太教,非常虔诚。到达美国后,奥曼的父母让他入读一个犹太教会学校。在学校,奥曼不但完成了上大学前所需要学习的所有必修课(诸如数学、阅读、写作、科学和艺术),他还花了大量的时间学习犹太教文本、犹太教教士的教导和犹太人民的历史。奥曼很感恩他的早期教育和他的家人鼓励他质疑并对他所接受的教程进行发问的教育模式。他先后在纽约城市大学和麻省理工学院学习数学。在遇到知名学者约翰·纳什(John Nash)以后,他对博弈论产生了浓厚的兴趣。他同时在耶路撒冷的希伯来大学和石溪大学担任教授。他早期接受的教育启发他写了一篇很有名的题为"塔木德的风险规避"的论文。该论文融合了他在经济学方面的专业知识和他毕生对犹太教教义的深刻的研究心得。

在获得诺贝尔奖之前,奥曼已经是一个蜚声海内外的专家学者。尽管奥曼建树很多,但他始终是一个谦卑的人。他常常说发表一篇有价值的演讲和给自己十八岁的外孙女讲塔木德经一样有意义。在被问到,如果只给自己的孩子和孙子、孙女教授一个道理,他会教什么时,他说,"我觉得人应该做自己喜欢的事情——不是最赚钱的,不是家长叫你学什么,而是你自己热爱的。要是你自己有兴趣,你更容易做得好;如果你做得好,你更容易成功。就这么简单"。

在奥曼身上,我们可以看到一个真心热爱学习的人,一个潜心研究学术并最终取得创新成就的人。中国学生可以看到通过辩论让自己对知识理解得更加深刻,从而达到登峰造极的水平。从不同角度理解一个问题、跟高手辩论过招可以为你开启很多新的机会。辩论不仅仅是一种学习方法,而且是寻找新想法的有效方式。最重要的是,奥曼的人生故事提醒我们无论你来自哪里,你都有深入学习的能力和决定权,并最终因为自己的热爱而成就一番事业。

## 拉尔夫·斯坦曼（Ralph Marvin Steinman）——冒险家

拉尔夫·斯坦曼的诺贝尔奖既是伟大的成就又是伟大的悲哀。20世纪40年代，斯坦曼在加拿大蒙特利尔的犹太家庭长大。他热爱医学和科学研究，在1968年他获得了哈佛医学院的医学学位。在哈佛博士后期间，斯坦曼发现一种新的充当免疫系统"信使"的细胞，他命名为树状细胞。尽管斯坦曼的努力并没有马上得到业界的认可，但他凭借强大的信念坚持自己的研究。虽然他面临着失去研究经费和被同行小看的挑战，他仍承担整个事业失败的风险继续研究。直到20世纪90年代，基于免疫疗法和疫苗的实验成为人们关注的焦点，斯坦曼的研究也得到了世人的认可和赞誉。

斯坦曼作为免疫学的医生工作了三十几年，直到有一天他被诊断出了胰腺癌，而且被预测会在一年内癌症病发去世。斯坦曼决定用自己的身体做实验。他在癌症免疫治疗领域的研究基础上创造了破坏性实验的方案，希望能为自己赢得一线生机。他摘除了自己身体内的一部分肿瘤，并送到顶尖的实验室进行研究，努力找到一种治疗方案。然而在2011年10月的一天，把一生都贡献给医疗研究的斯坦曼最终没能战胜癌症，溘然长逝。命运多波折，三天后诺贝尔奖委员会给他发出了他永远都没有机会读到的邮件和听到的留言：他因发现树状细胞和在适应性免疫领域的贡献而被授予诺贝尔生理和医学奖。

虽然诺贝尔奖一般是不颁发给去世的人的,但是当时诺贝尔奖委员会并不知道斯坦曼已经过世的情况,所以他们最终决定将奖项颁给斯坦曼的家人。值得一提的是,在他去世前的几天,斯坦曼跟家人开玩笑说,"我一定得坚持活着拿诺贝尔奖。因为他们不给去世的人,所以我一定得活着"。

斯坦曼是承担风险的典范。他拒绝放弃,为了实现目标不惜倾尽所有,奋斗终生。即使他的发现被认为无足轻重,他依然能找到前进的动力。即使必须赢得同事的支持,向资助机构证明自己的工作有价值,他也没有放弃自己的研究。即使意味着要拿自己的身体做实验,实施非常规的治疗手法以延长他的生命,他还能不断提出新的治疗方案。即使是在耗尽气力、游走在死亡边缘的时候,他依然选择继续。尽管他的同事们无法真正知道斯坦曼生命的延长是否是因为他自我测试的创新免疫疗法,但斯坦曼确实比最初诊断只有6到12个月的生命预测多活了四年半的时间。

斯坦曼从没有停止自己的科研和追求。尽管他最终没能挽救自己的生命,但他选择了一条少有人走的路,一条非传统的路。而这一切努力最终为他赢得了诺贝尔奖。当中国学生学习和研究斯坦曼的一生,他们会意识到在追求创新的道路上愿意承担风险很重要。仅仅是跨出第一步去尝试,愿意承担所有可能的风险,就为他们创造了无限可能和随之而来的潜在成功。虽然他们有可能会经历失败,但是如果中国学生能够转变观念,认为失败只是成功路上的垫脚石,那么即便失败也没有什么大不了的,因为那是暂时的。斯坦曼传奇的一生说明,当冒险、进取和创造力结合在一起时,创新永远不会遥不可及。

## 列夫·朗道(Lev Landau)——旅行者

但凡接触过大学物理的人,都不会对朗道这个名字感到陌生。朗道,苏联犹太人,号称是世界上最后一个全能的物理学家。朗道于1908年出生在阿塞拜疆。他的犹太父母都是在受人尊敬的研究领域工作。他的爸爸是工程师,妈妈是医生。13岁的时候,朗道已经完成高中课程,但是他的父母认为他上大学还太小了。所以,他们让朗道在巴库经济技术学校读了一年以后才去上巴库州立大学。朗道对很多专业感兴趣,物理、数学、化学,他在这几个系都选了课,而且两年后就毕业了。16岁的时候,年轻的朗道离开家,开始了周游世界的研究之旅。

1924年他来到了被誉为苏联最有声誉的物理学研究名城列宁格勒。朗道希望自己更具备国际视野,所以他在获得博士学位后,接受苏联和洛克菲勒基金会的奖学金到德国、丹麦、英国和奥地利游学。正是在这些旅行中,他遇到了那个时代的顶尖科学家,并得以拓宽自己的理解边界。通过这个国际视角,他更深刻地了解到了研究在世界各地的地位和作用。朗道回到阿塞拜疆的时候,对理论物理的未来有了更深入的认识,很快成为苏联在这个领域的领军人物。他与别人合著的《理论物理学教程》十卷到今天依然在世界各地的物理研究课程教学中被使用。他一路努力,最终成为莫斯科物理问题研究所的部门负责人。在25年里,他领导着一个由数学家和物理学家组成的团队,支持苏联研发原子弹和氢弹。除了为政府工作,他还继续研究量子力学、超导理论、量子电动力学理论。1962年他因为数学超流性量子理论被授予诺贝尔物理学奖。朗道认为他在海外的工作对于他的研究发现和创新影响最大。在拜访丹麦物理学家尼尔斯·波尔(Niels Bohr)的理论物理研究机构后,他将自己视作波尔的学生。

从小朗道就立志要离开家乡追求知识,接受学术挑战和新视角。基于他的国际求学经历,他发现了全球物理学的发展趋势,而这些远远超越了他在阿塞拜疆所能学到的知识。虽然很多科学家为了证明自己对苏联的忠心而留在莫斯科和圣彼得堡,朗道却很有远见地意识到要接触世界顶尖的发明者就必须走出国门。朗道的开放心态和冒险精神得到褒奖,他受到了丹麦皇家学院、伦敦皇家学会和荷兰皇家科学院的欢迎而成为他们的外籍会员。他也成为美国艺术和科学学院以及法国物理学会的荣誉会员。此外,朗道曾在美国国家科学院担任外籍委员。

中国学生可以从朗道和他的研学经历上学到很多。离开舒适的家到国外学习需要勇气。如果中国学生可以有勇气走出国门,他们就可以开拓眼界并且更深入地了解如何实现自己的梦想。只有跟世界上其他国家的学生比较技能、才艺和成就,中国学生才可以正视自己的潜能。莫扎特曾经说过,"一个有平凡才能的人,无论他是否旅行,他永远都是平凡的;但有才能的人,若常在一个地方,就会毁灭"。反思朗道的成就,我们可以看到只有在其他文化中沉浸式学习,一个人才能发现自己在世界上的真正位置。

### 丽塔·蒙塔尔奇尼(Rita Levi-Montalcini)和她的"chutzaph"

丽塔·蒙塔尔奇尼于 1909 年出生于意大利都灵。她是克服所有困难的典范。她不但面临着父权社会和维多利亚社会对女性受教育的狭隘观点的限制,还受制于在墨索里尼的种族宣言之后犹太人不允许参与学术和职业生涯的艰难处境。

她的第一个挑战是说服爸爸让她离开女子高中,并且摒弃女子 18 岁结婚的传统规矩。百般担忧的爸爸最终还是答应让蒙塔尔奇尼到都灵医学院学习医学。蒙塔尔奇尼通过了入学考试,21 岁的时候正式入读该校。她成绩优异,很快就得以开始在解剖学研究所实习。在那儿她开始研究鸡胚胎的神经系统。

20 世纪 30 年代,在墨索里尼的法西斯统治下,意大利仇视犹太人的情绪达到了高峰。为了自己的生命安全,也为了不连累跟她一起工作的同事,蒙塔尔奇尼不得不从大学退学。尽管遭受如此巨大的挫折，她仍然没有气馁，而是在自己的卧室建立了一个实验室。在接下来的几年时间里，每当炸弹落在她家附近，她就将自己的显微镜和幻灯片安全地保存在家里的地下室里。1943年她被迫躲到了佛罗伦萨，直到"二战"结束。在此期间，她不但继续自己的研究，还暗地里保持写作。蒙塔尔奇尼最终到美国华盛顿大学圣路易分校担任教授。在那里她完成了重要的科研工作。经过几十年的不懈努力，在77岁的时候她最终因在神经生长因子分离领域的发现而荣获诺贝尔医学奖。虽然她很自豪获此殊荣，但她仍继续在罗马的家里进行科研，直到她103岁去世。

蒙塔尔奇尼把自己的成就归功于她一生中所经历的挫折和磨难。她有胆识和勇气去拒绝那些世俗的对于女性的偏见，坚持在科学领域的研究。作为一个经历"二战"的犹太人，她时常被歧视。在战争最焦灼的时候，她的生命都受到了威胁。蒙塔尔奇尼一辈子都在挑战陈规旧制，向世人证明自己的能力。

蒙塔尔奇尼的故事很能启发中国学生，尤其是女生，要有无比强大的胆量和勇气追求自己的理想并取得成功。即便是在每个人都质疑蒙塔尔奇尼的时候，她依然坚定不移地追求自己的医学梦想，从而实现自己的价值。当一个人认识到了自己的价值，那么谁也无法阻挡她的成功。如果当代的学生能够培养胆识，做出勇敢的选择，那么他们更有可能激发自己的创新潜能。就像蒙塔尔奇尼和其他很多诺贝尔奖获得者一样,成功的旅程始于对自己深刻的认识,只有这样,梦想才能照进现实。

### 亨利·基辛格(Henry Kissinger)——外交家

美国前国务卿、著名外交家基辛格于1923年出生于德国小城福尔特,成长在一个正统犹太人家庭。基辛格每天都要学习《圣经》和《塔木德经》。从很小的时候开始,基辛格就感受到身边的反犹太主义情绪。

1938年为了躲避德国不断恶化的反犹太迫害形势,基辛格一家人从伦敦转道去纽约。虽然基辛格一家已经在德国取得了经济上的成功,但是到达美国的时候他们只是一无所有的难民。

为了贴补家用,基辛格很快就到一个修面刷工厂工作。他开始在乔治·华盛顿高中学习。他的各门功课都很优秀,也快速地掌握了英文。有一个老师回忆说,"他是所有德国难民中最严肃、最成熟的学生"。基辛格高中毕业以后,去了纽约城市大学学习会计。此后不久,第二次世界大战爆发,美国参战,基辛格应征入伍。他先是在法国充当步枪手,接下来到德国担任情报官员。在德国他觉得自己更像一个美国人。

他用自己的母语帮助美国打败德国统治。他后来被任命带领美国军队对被纳粹军队摧毁后一片狼藉的德国小镇进行整治,建立秩序和管理民政。在服完军役后,基辛格回到了美国,并去哈佛完成自己的本科学习。他最后在哈佛完成了自己的博士学位。基辛格受邀为政府部门工作。虽然那个时候他已经全身心地投入学术研究中，基辛格似乎对政治事务更感兴趣。1961年他开始担任肯尼迪总统顾问。肯尼迪是第一位把一个外国人邀请进入核心团队的总统。尼克松总统任命基辛格担任国务卿。任职期间，基辛格通过"穿梭外交"为很多中东国家带去了稳定与和平。基于他对于平息越战做出的贡献，1973年他被授予诺贝尔和平奖。

基辛格是一个饱受争议的人物。他的职业生涯和政治主张一直是争论的焦点。然而，即便是他最坚决的敌人都不得不佩服他的语言能力，这种能力在他的一生都发挥了重要作用。为了尽快适应美国的竞争，他快速掌握英文。他利用自己流利的德语在军队层层晋级，基辛格利用他的多语言优势在各个领域取得了成功。由此在年纪小的时候学习第二门甚至第三门外语，中国学生便可以利用语言的优势在事业上占得先机。在基辛格的一生中，他的德文和英文能力是很有价值的。

### 伊扎克·拉宾（Yitzhak Babin）——军人

伊扎克·拉宾，1922年出生在耶路撒冷。他是一个伟大的政治家、军人和外交家。他被誉为以色列建国的先驱并为以色列的发展发挥重要的作用。他在19岁的时候就被招募进犹太复国主义组织哈加纳。这个组织后来成为以色列国防军的中坚力量。同年他成为武装突击队帕马奇招募的第一个军人。在二十出头的时候他就担任第一营的副司令。1947年,经过多场战役后,他成为帕马奇的首席运营官。

他也曾经被派遣到英国陆军大学接受培训。拉宾以在关键时刻快速思考并制定最佳战略而著称。在1948年5月的独立战役中,拉宾带领军队成功收复耶路撒冷。作为帕马奇的运营官,他制定了所有关键战役的战略,也是跟埃及谈判停火协议的代表。当以色列国防军成立以后,拉宾被邀请整合帕马奇和其他所有的军事训练分支,建立总部,并为军事训练设立标准。

拉宾出色的领导力和执行力继续为以色列的建国和发展贡献力量。他之后担任了以色列驻美国大使。事实证明,他不但是一位出色的军事领袖,在外交事务方面也极有天赋。作为大使,他的主要职责是为以色列赢得最关键的国际盟友。通过成功的军事和外交成就,他最终在1974年当选为以色列总理。

他在担任以色列总理的两届任期中,为以色列带来了真正意义上的变化。他巧妙地和中东地区的邻国建立了友好和平的关系。他持续不断地努力在《奥斯陆协议》①框架内跟邻国开展和平谈判。1994年他被授予诺贝尔和平奖。拉宾在三十岁以前经历了很多。他带领军队,必须在很短时间内做出决策以保证士兵的安全,与此同时,他还

---

① 指的是1993年8月20日以色列总理拉宾和巴勒斯坦解放组织主席阿拉法特在挪威首都奥斯陆秘密会面后达成的和平协议。

必须始终不忘建设独立国家的长远理想。拉宾的军事生涯很鼓舞人心,他改变了以色列这个充满了"二战"难民国家的命运。他机智地把以色列这样一个年轻的国家搬上了国际版图。

中国学生可以在拉宾身上学到很多关于军事领导和服务国家的能力。拉宾的成功不仅仅是遵守命令,而且是因为他能够在承受巨大压力的时候做出果断的思考。学生可以在拉宾的例子中看到他尊重权威的同时又不失独立思考和表达的机会。同样,教育者和家长能够帮助孩子打下批判性思考的良好基础。拉宾领导自己的士兵就是如此,严谨而不压抑。家长和老师在引导的同时,必须相信孩子可以自我飞翔。只有这样,学生才能够相信自己无论犯了什么错误都可以在总结经验教训的基础上到达顶峰。这样的领导力风格对于培养未来的领袖是非常重要的,也非常值得中国教育者和家长学习与借鉴。

## 格特鲁德·埃列昂(Gertrude Elion)——混沌的制造者

格特鲁德·埃列昂,1918年出生在纽约。父母是波兰和立陶宛的犹太移民。她天生就有好奇心,以及对知识的渴望。然而,跟很多同时代的女性一样,她的成功之路充满荆棘和看似无法超越的挑战。高中毕业的时候埃列昂无法决定自己到底想学什么,她最终选择了自己热爱的科学专业。她在亨特学院取得了化学学士学位,在纽约大学取得科学硕士学位。可是，她的十五份博士奖学金的申请仅仅因为她是女生而都被拒绝了。她不得不上了六个星期的秘书课，这个专业的女性可以一边读书一边工作。在上完这个课程以后，她开始在一个超市担任食品质量检测负责人，工作职责包括检查腌菜的酸性和蛋黄酱中鸡蛋的颜色。这个职位显然无法满足她的好奇心，她给自己注册了布鲁克林理工学院的半职博士项目。殊不知这个项目规定女性不可以一边工作一边学习。因为种种阻碍，她最终都没有机会拿到博士学位。

机缘巧合，"二战"这样混乱的场面反倒给埃列昂创造了机会。战争爆发以后，很多工业实验室需要药剂师。因为男人都应征入伍了，有这方面知识的女性被招聘进去从事传统上男性主导的职位。埃列昂加入了哈金斯实验室，开始参与微生物学方面的研究。她不但开展了她的化学研究，也将自己的研究领域拓展到生物化学、药理学、免疫学和病毒学。

埃列昂的兴趣超越了她的科学家角色，她还热衷于摄影、旅行。她的一生在外人看来是混乱、零散的，其实是她很多兴趣、研究和职业角色的大集成。她的跨领域探索为她最终赢得了诺贝尔奖。1988年她因为在药物疗法、实验疗法和改良第一种治疗艾滋病的齐多夫定药物方面的贡献而荣获诺贝尔奖。

埃列昂的早期研究和她多样的工作经历证明了"balagan"并不可怕，反而能创造机会。一个客观的旁观者可能会在看完她的简历后认为这是一个毫无方向且缺乏明确目标的人，而不是一位杰出的科学家。但是对于埃列昂来说，在各个领域都有涉猎并不是缺乏条理性的表现，而是不断克服挑战，即便在无数次被拒绝后却依然坚持，最终找到自己方向的过程。她一直知道自己想要进行癌症研究，但是不得不通过在不同领域的学习，历经混沌的探索来最终实现自己的研究目标。埃列昂的故事告诉我们很多事情并不能看表面现象。更重要的是，她的故事告诉我们有时候冒点风险也许会让我们在合适的时机找到合适的事业。混沌，表面上看是杂乱无章，事实上可以在大脑里形成跨学科的条理性。作为一个探索者、一个科学研究人员、一个艺术和音乐爱好者、一个摄影爱好者，埃列昂的一生都在不断寻找。年轻的中国学生可以效仿埃列昂跟随自己的爱好跨领域进行探索。虽然有时候看起来这可能在与结果背道而驰，但最终都会丰富自己的学习和经历。热情投入地参与所有的课外活动有助于打开我们的创新思维。即便在过程中看似混乱无序，但都是有价值的体验。

# 第十三章
# 结语

国家的文化蕴藏在其人民的内心和灵魂之中。

—— 甘地

通过全面的比较，我们可以看出来犹太文化和中国文化在文化规范和习俗上有相似之处。儒家教义和道教教义在很大程度上塑造了中国传统的家庭理念、好客之心和同理心。犹太教士对宗教教义的诠释影响了犹太人的传统。我们可以看到两种文化赖以建立的基础价值观和信仰之间存在一些重叠。正是通过我们对这些共同元素的高度尊重，我们才能够从这些基本的价值观中推断出犹太创新的原理和成因。我们这样做是为了寻找适合和提高中国学生创新能力的方法。

在本书中，我们通过大量的历史事例和现代方法分析了犹太式创新，并在诸多成功的犹太发明者中找到了创新的实例。为了帮助中国家长、教育者和学生更好地理解犹太式创新，我们现在跳开细节，从一个更大、更广的角度来审视培育创新的核心因素。此外，我们也会演示如何把最好的经验和方法应用到创新实践中。

其实创新的方法多种多样，也没有捷径可走。犹太人民在历史长河中经历的种种挑战改变了他们看待自己和社会的视角。然而,正是在克服这些看似无休止的挑战和磨难中,犹太人民向世界证明了困难和不可知都是生活的一部分。在困难中经历的变化和风险没有什么可怕的,更不应该放弃,因为那些没有杀死你的东西会让你变得更强大。在本书中我们在很多地方都提到如何面对失败,如何走出舒适区承担风险。迄今为止最成功的企业家把风险看成家常便饭,他们都是在逆境中越挫越勇的典范,而我们的学生需要不断提升自己的坚毅品格,不然,我们又如何能找到下一个马云、埃隆·马斯克(Elon Musk)、扎克伯格、马化腾呢?

无论是通过军事训练还是在未知的旅程上冒点风险,中国学生可以利用这些机会去不断探索自己的能力边界。这个过程可能是混乱的、迷茫的、不可知的。就像本书作者黄博士倡议的,每个人一辈子都应该有出国留学或者生活的经历,拥有一段独自面对新环境、新人群的经历,获得一种被放置到世界任何一个角落都可以生存下去的勇气。只要学生们练就了21世纪需要的诸如机器语言、有效沟通等软实力,只要学生们有一些探险的勇敢精神,他们一定可以脱颖而出,骄傲地面对世人的盛赞。

除了冒险精神,我们在书中强调的第二个品质是热爱和坚毅。始终保持好奇并提出问题,始终带着喜悦探索新事物,你真正热爱的东西就会在无数次的尝试中慢慢显现出来。根据斯坦福大学和耶鲁大学心理学家的最新研究显示,一个人的兴趣不是天生等待发掘的,而是在不断的尝试中慢慢发展、培养出来的。通过努力孕育出来的真正热爱的事情会催生未来的创新。当然,光有热情,没有持久的决心和执行,也是远远不够的。

在中国传统的教育方式下成长起来的学生并不习惯于质疑并提问题。但是我们必须得清醒地认识到再多的练习都没有办法替代学生发自内心对某样技能和课题的兴趣。我们必须鼓励学生去发现并探索真正让他们可以废寝忘食的兴趣,而不是那些在旁人看来很体面的道路。就像安杰拉·达克沃思(Angela Duckworth)提出的"坚毅"的概念一样,学生应该具备耐力和毅力,才能进行马拉松式的努力,百折不挠。"坚毅"跟天赋和才能无关,而是一个人对困难的反应和对长远目标的不懈追求。我们大家公认的成功创业家都是在不断失败中摸爬滚打、匍匐前进的。即便前面可能跌入万丈深渊,也要有在所不惜的果敢。

当然,我们需要有孕育这样的品格的土壤。中国学生在做决定的时候可能备感恐惧,可能备感压力。只有当他们意识到人生是个弯曲的马拉松,而不是笔直的短跑,跌倒受伤都是成本预算之内的,他们才不至于在短期的压力和挫折面前惊慌失措。在孩提时代发展的兴趣往往能为创新、创造埋下成功的种子。

第三个也是最难被内化的一点是教育者和家长要愿意去包容和理解孩子的变化。虽然我们一直强调外在环境的作用,但是谁也无法替代家长和早期教师对学生的影响。成人需要不断地以身作则,潜移默化,润物细无声地教育孩子,就像提问,有效的演示比直接提要求更好。家长自己在生活中也要表现出突破自己的舒适区、愿意承担风险的勇气,而不是自己循规蹈矩,却要求孩子突破桎梏、敢于创新。无论用什么办法,家长和教育者应该肩并肩地走在孩子身边,不是始终在前面引领,让孩子望其项背;也不是站在孩子身后踢一脚、推一把。也许只有这样,才能真正孕育出具有创新思维的下一代。

## 最后的建议

整本书从历史、宗教、文化、家庭等几个方面来分析犹太人是如何在恶劣的挑战和限制下克服万难,始终保持旺盛的生命力为自己、家人和社区创造奇迹,在各个领域独领风骚。从犹太人有意识地培养好学、好奇心等基本能力到被动的适者生存,这些都值得中国人借鉴。我们特地总结了十大要素供大家参考:

1. 像"难民"一样的思考:把握今天,谁也无法预知未来。

2. 多提问,多辩论:新的主意和创新的办法会在不断提问中浮现。不辩不明,通过辩论,不同的意见会向真理靠拢。

3. 冒点风险,大胆行动:不要害怕失败,要有信心,才能探索你的潜能。

4. 去留学,去旅行:打开你的心胸去探索新的国家和文化,回来的时候将是更好的自己。

5. 无所畏惧,勇往直前:大胆地追求你的梦想,不让任何东西阻挡你追求梦想的步伐。

6. 找准自己的节拍:跟从你的兴趣,拓展你自己的边界,培养自我意识和强大的自信。

7. 拥抱无序的混乱:开始的杂乱无章是创新必不可少的组成部分。坚持,你会发现惊喜。

8. 掌握多种语言:国际化程度越来越高的今天,要学会用别人的语言来表达自己的观点。

9. 编程是重要技能:掌握1和0这些数字会造就下一代的创新思维。

10. 成为最好,成为最强:真正的发明创造是源自创新的想法和一往无前的坚持。结合自己的兴趣,具备创业者的精神,这样可以在竞争中独占鳌头。

# 参考书目

[1] 聂尊阳:《犹太人教子枕边书》,长春:吉林文史出版社,2017年。

[2] [以]尼凯米亚·罗森伯格著,杨晨光译:《犹太人为什么成功》,天津:天津教育出版社,2013年。

[3] [美]塔尔莱特·赫里姆著,邹文豪译:《塔木德——犹太人的经商智慧与处世圣经》,北京:中国画报出版社,2009年。

[4] 贺雄飞:《犹太智慧典藏书系》第一辑《居安思危——犹太人的财富哲学》,北京:世界知识出版社,2015年。

[5] 贺雄飞:《犹太智慧典藏书系》第二辑《智慧六讲——

犹太人的精英教育》，北京：世界知识出版社，2016年。

[6] 汲红:《犹太人这样给孩子定规矩》(珍藏版)，北京：台海出版社，2016年。

[7] 徐可夫:《犹太人的教子经》，北京：民主与建设出版社，2017年。

[8] 钱钱:《犹太人做人做事的经典智慧》，北京：中华工商联合出版社，2018年。

[9] 连山:《犹太人智慧全书：最高级思维》，北京：中国华侨出版社，2015年。

[10] Senor, Dan and Saul Singer, *Start-up Nation: The Story of Israel's Economic Miracle*, McClelland & Stewart, 2011.

[11] Razeghi, Andrew., ed., *The Riddle: Where Ideas Come from and How to Have Better Ones*, Jossey-Bass, 2008.

[12] Rogers, Everett M., ed., *Diffusion of Innovations*, Fifth Edition, Free Press, 2003.

[13] Parker, Barry R., ed., *Einstein: The Passions of a Scientist*, Prometheus Books, 2003.

[14] Pease, Stephen L., *The Debate over Jewish Achievement: Exploring the Nature and Nurture of Human Accomplishment*, Deucalion, 2015.

[15] Levitt, Steven D. and Stephen J. Dubner,

*Freakonomics: A Rogue Economist Explores the Hidden Side of Everything*, William Morrow, 2005.

[16] Lynn, Richard, *The Chosen People: A Study of Jewish Intelligence and Achievement*, Washington Summit Publishers, 2011.

[17] Gladwell, Malcolm, *The Tipping Point: How Little Things Make a Big Difference*, Little Brown, 2000.

[18] "A History of the Rothschild Family", *Investopedia*, 23 Feb., 2017.

[19] Schilpp, Paul Arthur, ed., *Albert Einstein: Philosopher-Scientist*, Volume II, Harper Torchbooks, 1959.

图书在版编目(CIP)数据

养育下一代创新者:犹太教育对中国的启示/黄兆旦,[以]阿米·德罗尔(Ami Dror)著. —上海:复旦大学出版社,2019.3(2019.5 重印)
ISBN 978-7-309-14061-3

Ⅰ.①养… Ⅱ.①黄…②阿… Ⅲ.①犹太人-家庭-教育-研究 Ⅳ.①G78

中国版本图书馆 CIP 数据核字(2018)第 275834 号

**养育下一代创新者:犹太教育对中国的启示**
黄兆旦　[以]阿米·德罗尔　著
责任编辑/关春巧

复旦大学出版社有限公司出版发行
上海市国权路 579 号　邮编:200433
网址:fupnet@fudanpress.com　http://www.fudanpress.com
门市零售:86-21-65642857　团体订购:86-21-65118853
外埠邮购:86-21-65109143　出版部电话:86-21-65642845
江阴金马印刷有限公司

开本 850×1168　1/32　印张 6.625　字数 116 千
2019 年 5 月第 1 版第 3 次印刷
印数 8 201—12 300

ISBN 978-7-309-14061-3/G·1928
定价:48.00 元

如有印装质量问题,请向复旦大学出版社有限公司出版部调换。
版权所有　侵权必究